Jessica Schwarzer

GIERIG *Verliebt* PANISCH

Wie Anleger ihre Emotionen kontrollieren und Fehler vermeiden

Börsenbuchverlag

Covergestaltung: Jürgen Hetz, Denksportler Grafikmanufaktur
Gestaltung, Herstellung und Satz: Daniela Freitag
Lektorat: Egbert Neumüller
Druck: GGP Media GmbH, Pößneck

ISBN 978-3-86470-214-3

Bibliografische Information der Deutschen Nationalbibliothek:
Die Deutsche Nationalbibliothek verzeichnet diese Publikation in der Deutschen Nationalbibliografie; detaillierte bibliografische Daten sind im Internet über <http://dnb.d-nb.de> abrufbar.

BÖRSEN MEDIEN
AKTIENGESELLSCHAFT

Postfach 1449 • 95305 Kulmbach
Tel: +49 9221 9051-0 • Fax: +49 9221 9051-4444
E-Mail: buecher@boersenmedien.de
www.boersenbuchverlag.de
www.facebook.com/boersenbuchverlag

INHALT

Vorwort

Wer bin ich? Die Landkarte ist nicht das Gebiet, durch das die Reise führt. Das trifft auch und insbesondere auf den Aktienmarkt zu. Ständig werden Anleger mit den Meinungen und Empfehlungen hochgebildeter Finanzexperten bombardiert. Journalisten inbegriffen. Sie malen appetitanregend aus, wie denn die gesteckten Anlageziele erreicht werden können und welche Ereignisse auf dem Weg dahin eintreffen sollten. Doch die Börse ist nun mal keine Wissenschaft und niemand kennt die Zukunft. Einmal unterwegs, der Landkarte und dem Anlageziel folgend, sieht das Gebiet meist anders aus. Ständig werden wir durch die tatsächlich vorgefundenen Gegebenheiten und durch unvorhergesehene Ereignisse daran erinnert, dass Hoffen nicht gleich Wissen ist.

Volkswirte, Analysten, Investmentstrategen und Fondsmanager, sie alle sind auch nur Menschen und können die Zukunft nicht vorhersagen – das beweisen ihre statistisch belegten schlechten Erfolgsquoten. Sie versuchen es und werden dafür gut bezahlt. Sie versuchen, wie das Navi im Auto, die bestmögliche Fahrstrecke ausfindig zu machen, um das gewünschte Ziel zu erreichen. Doch ob nun ein Reh auf der Straße steht oder der Reifen gleich platzen wird, kann selbst das beste Navigationsgerät nicht vorhersagen. Wie im richtigen Leben muss man auch an der Börse stets davon ausgehen, dass es anders kommt. Dass uns das Prinzip Hoffnung treibt, ist eine gute Eigenschaft. Denn warum sonst heiraten, bei einer Scheidungsrate jenseits von 46 Prozent? Das ganze Leben ist ein Risiko. Das ganze Leben ist eine Chance. Es gehört beides dazu. Historisch betrachtet liegt die jährliche Kapitalrendite bei vier bis fünf Prozent. Das durchschnittliche Lohnwachstum ist weitaus niedriger. Somit stellt sich die Frage erst gar nicht, ob man auf den Aktienmarkt setzen sollte. Es führt kein Weg daran vorbei. Nun muss ich zugeben, dass auch ich selbst, trotz meiner fast 20 Jahre an der Wall Street, die Performance des Aktienmarkts nicht vorhersagen sagen kann. Dafür kann ich aber etwas weitaus Wichtigeres vorhersagen: mein eigenes Verhalten.

„Wer bin ich" ist an der Börse die entscheidende Frage. Seine eigenen Grenzen kennen und wissen, mit wie viel Schmerz man zurechtkommen kann, ist mehr als die halbe Miete. So halte ich mir bei einem Aktieninvestment niemals die Chancen vor Augen, sondern stets das damit verbundene Risiko. Ein sicheres Zeichen dafür, dass Sie die richtige Anlagestrategie gefunden haben, sind die damit verbundenen Bauchschmerzen. Eine passende Anlagestrategie zu finden und daran festzuhalten scheint auf den ersten Blick einfach zu sein, ist es aber nicht. Und je mehr Ihnen Geld bedeutet, umso schwieriger wird dieser Schritt. Mit anderen Worten: Wohin sich der Aktienmarkt bewegt, ist zweitrangig. Der finanzielle Erfolg kommt mit eiserner Disziplin und Selbstbeherrschung! Warren Buffett bringt es auf den Punkt: Seien Sie gierig, wenn andere Angst haben, und haben sie Angst, wenn andere gierig sind. Kurzum: Behavioral Finance ist das wohl wichtigste Handwerkszeug eines jeden Anlegers!

Und genau an diesem zentralen Punkt, dem Ich, setzt Jessica Schwarzer auf unkonventionelle Weise an. Der emotionale Titel „Gierig, Verliebt, Panisch" verrät schon, wohin die Reise geht: Sie beantwortet die Frage „Wer bin ich", indem sie uns einen psychologischen Spiegel vorhält. Dieser Spiegel zeigt dem Leser zum einen, welchem Anlegertyp er grundsätzlich angehört, und zum anderen beleuchtet er die Aspekte der anderen Typen, die er in sich trägt und die in bestimmten Situationen in den Vordergrund treten. Denn auch, wer im Allgemeinen eher besonnen handelt, kann sich unter gewissen Umständen in eine Aktie verlieben, durch rasante Kurszuwächse der Gier anheimfallen oder durch einen Absturz in Panik geraten. Nach dem Motto „Selbsterkenntnis ist der erste Schritt zur Besserung“ hilft uns die Autorin, in allen Situationen beherrscht das „Richtige“ zu tun, eben das, was unsere Anlagestrategie verlangt. Nur wenn wir die psychologischen Mechanismen durchschauen, gelingt es uns, Buffetts Diktum zu beherzigen.

Doch niemand ist vollkommen, von niemandem kann man verlangen, dass er eine Erkenntnis gleich beim ersten Mal effektiv umsetzt. Jessica Schwarzer tut nicht so, als würde sie ihre Form des Behavioral Investing perfekt beherrschen, sondern sie blickt auch selbst in den Spiegel und gewährt uns unterwegs Einblicke in ihren reichen Erfahrungsschatz als Anlegerin, die für den Anfänger tröstlich sind und den Profi daran erinnern, dass wir der Vollkommenheit – egal auf welchem Gebiet – nur dann näherkommen, wenn wir bereit sind, Fehler anzuerkennen und ein Leben lang zu lernen.

Markus Koch
New York 2014

SPAREN ODER ZOCKEN – DIE DEUTSCHEN LIEBEN ES EXTREM

Es ist oft nur eine vermeintlich unwichtige Nachricht: Die US-Arbeitsmarktdaten sind ein bisschen schwächer ausgefallen als erwartet, das Defizit der Griechen ist ein klein wenig höher als gedacht oder der Ausblick eines Dax-Konzerns enttäuscht geringfügig – schon schmieren die Kurse ab. Und stürzen Anleger in eine emotionale Krise.

Starke Kursschwankungen – vor allem nach unten – sind nichts für sanfte Gemüter und schon gar nichts für die zartbesaiteten Anlegernerven. Unbehagen, Angst, vielleicht sogar Panik erfassen den Aktionär. Gefühle, die er nicht mag, die er verhindern und am besten abstellen will. Um der leidigen Situation zu entkommen, verkauft er – leider oft viel zu billig – in den Kursrutsch hinein.

Ein anderer wiederum freut sich über den Absturz, denn er hat auf fallende Kurse gesetzt. Er hat Aktien verkauft, die er eigentlich gar nicht besessen, sondern sich nur geliehen hat. Sein Ziel: Er will die Papiere hinterher günstiger zurückkaufen. Die Differenz von Verkaufs- und Kaufkurs ist sein Gewinn. Er wähnt sich mit seinen Leerverkäufen – im Börsendeutsch Short Selling – im plötzlichen Absturz auf der sicheren Seite. Und deshalb erhöht er seine Short-Positionen sogar noch, schließlich hat er den richtigen Riecher gehabt. Die Gewinnchancen erscheinen hoch.

Doch so schnell und plötzlich, wie es zum Kursrutsch kommt, so schnell endet er auch oft. Dann ist es der Leerverkäufer, den die

Panik packt, schließlich muss er seine Positionen schnell glattstellen. Denn mit jedem Cent, den die Aktienkurse steigen, schmilzt sein Gewinn oder – schlimmer noch – wächst sein Verlust. Der andere Anleger ärgert sich: Er hat völlig übereilt verkauft. Nun steigt er wieder ein, teurer als er zuvor verkauft hat. Hinzu kommen in beiden Fällen die Transaktionskosten.

Volles Risiko, pure Gier oder übertriebene Panik – an der Börse können Anleger viele Fehler machen und sehr schnell sehr viel Geld verlieren. Wir setzen auf falsche Produkte oder haben die falsche – oder schlimmer noch gar keine – Strategie. Viele von uns steigen viel zu spät ein, nämlich dann, wenn die Börsenparty längst ihren Höhepunkt erreicht hat, wenn die Tageszeitungen auf Seite eins jubeln: „Dax 10.000“. Oder wir verkaufen viel zu spät, wenn die Kurse ihren Boden fast erreicht haben. Oder wir fallen auf selbst ernannte Gurus herein, deren todsichere Tipps sich als Rohrkrepierer erweisen. Ein großer Fehler ist es auch, der Börse gleich ganz fern zu blieben – aus welchen Gründen auch immer. All das verhindert oder schmälert zumindest unseren Anlageerfolg.

Der „Faktor Mensch“ spielt uns seine Streiche. Denn unser größter Feind in Sachen Geldanlage schaut uns jeden Morgen aus dem Spiegel entgegen. Ja, richtig: Sie selbst sind Ihr größter Feind! Denn Sie lassen sich von Ihren Gefühlen leiten. Gier, Harmoniesucht, selektive Wahrnehmung, auch Selbstbetrug und vor allem Angst, vielleicht sogar Panik bestimmen Ihre Investmententscheidungen. Von Emotionen und emotionalem Handeln kann sich niemand freisprechen, kein erfahrener Anleger, kein Vermögensverwalter, kein Fondsmanager und selbst weltbekannte, extrem erfolgreiche Investoren wie Warren Buffett oder George Soros nicht. Sie haben ihre Emotionen nur sehr viel besser im Griff.

Und darum geht es in diesem Buch: die Gefühle, also die Beweggründe für unsere Anlageentscheidungen, zu erkennen und zu kontrollieren. Abstellen können Sie Ihre Emotionen nicht. Versuchen Sie es gar nicht erst, Sie sind kein Computer und werden es nie sein. Sie sollen sich selbst erkennen und so häufige Fehler an der Bösen verhindern.

DIE DEUTSCHEN HABEN KEINE AKTIENKULTUR

Wer sich an der Börse von seinen Gefühlen treiben lässt, wird selten ein erfolgreicher Investor. Die Deutschen haben allerdings zuerst ein ganz anderes Problem: Sie sind bekanntlich nicht gerade ein Volk von Aktionären – im Gegenteil. Kein Wunder, schließlich haben wir viele schmerzhafte Erfahrungen gemacht. Negative Emotionen wollen wir aber unbedingt verhindern, nicht zuletzt deshalb sind selbst in sehr guten Börsenjahren viele der Börse ferngeblieben. Sie sind überzeugt, dass die Aktienmärkte gefährlich sind, dort wird Teufelszeug gehandelt. Das sind natürlich Vorurteile, die sich aber psychologisch leicht erklären lassen.

Im Grunde ist es ganz einfach. An der Börse werden schlechte Nachrichten normalerweise sehr viel stärker gewichtet als gute. Der Grund: Läuft alles gut, schenkt die breite Masse der Sparer – und auch Aktionäre – den Kursen nicht mehr Aufmerksamkeit als nötig. Brechen die Kurse allerdings ein wie beispielsweise nach der Pleite der US-Investmentbank Lehman Brothers oder nach Ausbruch der Euro-Schuldenkrise, wird das Treiben auf dem Börsenparkett genau beobachtet und analysiert. Schnell landen Aktien in der „Schublade“ für Spekulation, gemeinsam mit riskanten Derivaten. Sie gelten als genauso gefährlich und auch noch undurchsichtig. Das, was sie eigentlich sind – nämlich Eigentumsanteile an Unternehmen, gehandelt an regulierten Börsen – wird dagegen fast schon ignoriert.

Die Deutschen haben leider nicht nur in Zeiten von Krisen die Nase voll von Aktien. Sie haben generell Angst vor dieser Anlageform. Das war aber schon einmal anders. Es war in den 1990er-Jahren, als in Deutschland das zarte Pflänzchen Aktienkultur zu sprießen begann. In Zeiten des Neuen Marktes lockten märchenhafte Gewinne die Bundesbürger auf das Börsenparkett. Vor allem der Börsengang der Deutschen Telekom, medienwirksam beworben von dem Schauspieler Manfred Krug, machte viele Deutsche erstmals zu Aktionären. Doch es war auch die T-Aktie, die vielen Anlegern später gründlich die Laune verderben sollte.

Aber der Reihe nach: Es sollte die neue, große Volksaktie werden. „Telekom. Die machen das“, so pries Krug 1996 die T-Aktie zur besten Sendezeit an. Kein Wohnzimmer war vor dem TV-Kommissar sicher, der unermüdlich für eine Beteiligung an dem Bonner Großkonzern trommelte. Die Kampagne mit dem Fernsehliebling verfehlte ihre Wirkung nicht.

Die Aktie verkaufte sich im November 1996 bestens, gleich mehrfach überzeichnet war die Emission. Es gab gar nicht so viele Aktien, wie Neuaktionäre sie gerne gehabt hätten. Anleger bekamen nur einen Bruchteil der Papiere, die sie geordert hatten. Der Erfolg ließ den Kurs der Aktien in die Höhe schießen – schon am ersten Handelstag kletterte sie von 28,50 D-Mark auf mehr als 33 D-Mark (umgerechnet 17,33 Euro). Ein satter Kursgewinne, über denn sich die Börsianer da freuen konnten (siehe Grafik auf der gegenüberliegenden Seite).

Das weckte natürlich den Neid derer, die nicht dabei waren. Kein Wunder, dass sich auch die zweite und dritte Tranche schneller verkauften als so mancher Festnetz- oder Handyvertrag. Im Juni 1999 mussten die Aktionäre allerdings schon 39,50 Euro pro Anteilschein bezahlen und damit fast dreimal so viel wie beim ersten Mal. Die Aktie stieg und stieg. Und die Gier der Anleger gleich mit. Ein Vierteljahr später, am 6. März 2000, erreichte die T-Aktie ihr absolutes Allzeithoch bei 103,50 Euro. Die dritte Tranche der Aktie kam im

Der Niedergang der T-Aktie

Juni 2000 auf den Markt. Der Ausgabepreis lag bei 66,50 Euro und war damit spürbar günstiger als die bereits gehandelten Papiere.

Es war der Höhepunkt der Deutschen Aktienkultur. Immerhin 12,8 Millionen Aktionäre und Besitzer von Aktienfonds zählte das Deutsche Aktieninstitut (DAI) im Jahr 2001. Zum Vergleich: Heute sind es nur noch magere 8,9 Millionen Menschen. Und Jahr für Jahr werden es weniger.

Auch an diesem Abwärtstrend hat die Volksaktie aus Bonn ihren Anteil, denn vielen hat die T-Aktie mächtig die Laune verhagelt. Die Geschichte ihres langen Absturzes wurde schon oft erzählt. Wenn Sie das Papier in Ihrem Depot hatten oder sogar noch immer haben, sind Sie Kummer gewöhnt – geschäftliche Fehlentscheidungen, korrigierte Immobilienwerte, viel zu teure Zukäufe, Margendruck und das schwierige US-Geschäft ließen die Aktie immer weiter absacken. Und nebenbei platzte auch noch die gigantische Börsenblase. Noch 18 Jahre nach der Erstnotiz dümpelte das Papier unter seinem Ausgabepreis von 1996. Lange haben die Aktionäre sich mit den teils üppigen Dividendenzahlungen getröstet, doch auch diese Zeiten sind vorbei. Manfred Krug bekannte später, er bedauere zutiefst, dass er für eine Aktie geworben habe, die zahllosen Privatanlegern hohe Verluste eingebracht habe. Ein schwacher Trost für diejenigen, die das Papier teuer gekauft hatten.

Für die deutsche Aktienkultur war der Niedergang der T-Aktie ein herber Rückschlag: Die frustrierten Aktionäre kehrten der Börse den Rücken. Seit 2001 haben sich rund 3,9 Millionen Menschen von den Aktienmärkten verabschiedet. Das ist fast jeder Dritte ehemalige Aktionär oder Aktienfondsbesitzer.

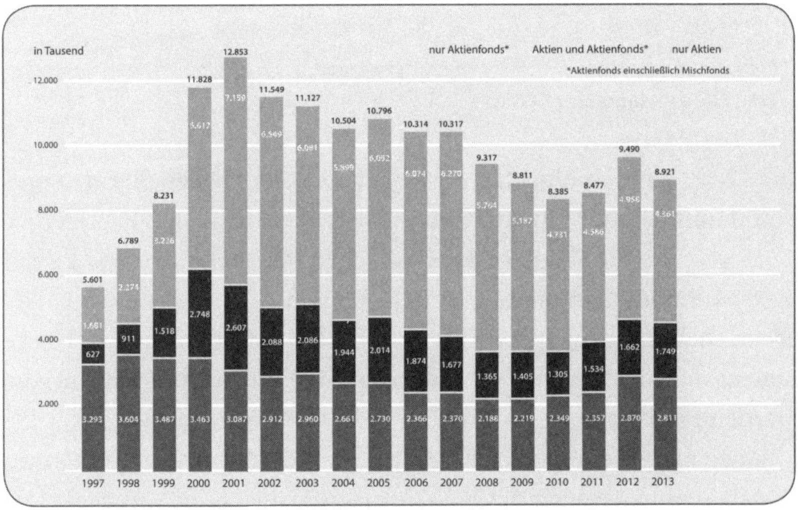

Schwindende Aktionärszahlen (Quelle: Deutsches Aktieninstitut)

Schuld daran war aber natürlich nicht nur das Drama um die Deutsche Telekom und ihre Aktie. Die Entwicklung am Neuen Markt war sogar noch schlimmer. An der frisch ins Leben gerufenen, deutschen Wachstumsbörse wurde gezockt wie im Spielkasino. Unternehmen, die zwar kein Geld verdienten und eigentlich auch nichts produzierten, dafür aber viel Geld (ihrer Aktionäre) verbrannten und immense Schulden anhäuften, waren auf einmal mehr wert als so mancher alteingesessene Konzern aus dem Deutschen Aktienindex (Dax).

Im Nachhinein hört sich das, was damals an der Börse passierte, völlig abstrus an. Der absolute Wahnsinn. Welcher Mensch mit gesundem Menschenverstand würde in ein Unternehmen investieren, das zwar kein Geld verdient, aber unglaubliche Summen für die Übertragungsrechte von Sportevents ausgibt und an der Börse höher bewertet ist als mancher Dax-Konzern? Wenn Sie um die Jahrtausendwende Aktionär von EM.TV waren, haben Sie aber genau das getan. Mit Fernsehlizenzen von Biene Maja bis zur Formel 1 trieben die Gründer des Medienreichs, die Brüder Florian und Thomas Haffa, den Börsenwert ihres Unternehmens im Februar 2000 auf 2,2 Milliarden Euro. Damit war EM.TV mehr wert als der gesamte Volkswagen-Konzern. Klingt verrückt, oder? War es auch. Denn während bei VW Tag für Tag die Autos vom Band liefen und verkauft wurden, machte der Medienkonzern hohe Verluste.

Aber so war das am Neuen Markt eben. Große Kursgewinne, große Träume, große Zukunftsphantasie, große Zauberei – Emotionen pur! Dass das Börsenmärchen jäh endete, war für viele noch unerfahrene Aktionäre eine böse Überraschung. Sie konnten kaum glauben, was ihnen widerfuhr. Ein lauter Knall und weg waren sie, die schönen Gewinne – und das eingesetzte Geld schlimmstenfalls gleich mit. Auch der EM.TV-Kurs war kaum ein Jahr nach seinem Allzeithoch um 90 Prozent abgeschmiert, das Unternehmen lag am Boden und die Anleger rieben sich verwundert die Augen. Aus der viel zu große Traum. Auf die Börsen-Party folgte der ganz große Kater.

Viele hatten sich von der Euphorie an der Börse anstecken lassen, der gesunde Menschenverstand setzte aus. Sie ließen sich von purer Gier leiten. Nach dem großen Knall waren sie zwar nicht unbedingt klüger, aber derart verschreckt und verärgert, dass sie mit Aktien nichts mehr zu tun haben wollten. Sie haben ihr Lehrgeld bezahlt, aber leider keine Lehre aus dem Platzen der Internetblase gezogen, mit der die viel zu hohen, völlig aufgeblasenen Unternehmensbewertungen korrigiert wurden. An der Börse mag die Zukunft gehandelt werden, aber wenn die Phantasie allzu groß wird, dann geht das selten gut.

Wer blind seinen Emotionen folgt – zu Zeiten des Neuen Marktes war es wohl die blanke Gier, vielleicht auch noch Neid auf den Nachbarn, der quasi über Nacht Millionär wurde –, der kann sehr schnell, sehr viel Geld verlieren. Das war schon zu André Kostolanys Zeiten so. Der legendäre Investor warnte in den Jahren vor seinem Tod vor dem Treiben am Neuen Markt. Zu Recht. Den großen Knall erlebte er allerdings nicht mehr, er starb 1999. Phantastische Kursentwicklungen nebst fast lehrbuchartiger Blasenbildung gab es übrigens schon immer. Auch die Gründe waren immer dieselben: Goldgräberstimmung, Gier, Herdentrieb. Kostolany brachte es auf den Punkt: „Eine Börse wäre keine Börse, wenn nicht viele Narren ihr Unheil dort treiben würden."

> „Eine Börse wäre keine Börse, wenn nicht viele Narren ihr Unheil dort treiben würden."
> ANDRÉ KOSTOLANY

Aber deshalb ist die Börse weder Spielkasino noch Teufelszeug. Doch der Schock saß nach dem Crash einfach zu tief. Als die Blase platzte und die abstürzenden einstigen Börsenstars selbst renommierte Standardwerte mit in die Tiefe rissen, verkauften die meisten Neuaktionäre, was noch zu verkaufen war. Panik pur! Bloß weg vom rutschigen Parkett! Auf Nimmerwiedersehen Börse!

Andere verharrten in Schockstarre. In ihren Depots schlummern noch immer die Leichen aus Zeiten der Internetblase, die Verluste haben sie nie realisiert und verdrängt. Oder sie hoffen noch immer auf die Erholung. Wer setzt sich schon gerne mit seinen Fehlentscheidungen auseinander? Gier und Hoffnung, quasi zwei Todsünden der Geldanlage, haben deutsche Anleger zu Aktienbanausen gemacht.

Wen könnte das verwundern? Die aufkeimende Aktienkultur Ende der 1990er-Jahre litt von vornherein unter einem Geburtsfehler: Bedingt durch die rasante Entwicklung an den Börsen entstand das Bild vom Aktieninvestment als schnellem Weg zum Reichtum, als Spekulation. Die Idee des langfristigen Sparens durch die Beteiligung an erfolgreichen Unternehmen geriet dabei völlig ins Hintertreffen. Und so haben wir in Deutschland zwar viele der erfolgreichsten Unternehmen der Welt, diese sind aber heute zum Großteil im Besitz ausländischer institutioneller Investoren. Die Deutschen wollen sich an ihrer Wirtschaft nicht beteiligen. Es ist fast schon grotesk: Die deutsche Wirtschaft ist immer wieder die Konjunkturlokomotive in Europa. Sie wächst und gedeiht. Und darauf sind die Bundesbürger stolz. „Made in Germany" ist ein Prestigelabel. Aber deshalb in Anteile eines Unternehmens investieren? Lieber nicht.

Dabei erfüllen Aktien eine ganz wichtige volkswirtschaftliche Aufgabe. Aktien versorgen Unternehmen mit ausreichend Kapital, damit diese weiter wachsen können, neue Produkte entwickeln und nach Innovationen forschen können. Untersuchungen haben ergeben, dass Länder mit einer hohen Aktienkapitalisierung im Verhältnis zum Bruttoinlandsprodukt höhere Wachstums- und Beschäftigungsraten aufweisen. Eine österreichische Studie von Franz R. Hahn[1] zu Aktienmarkt und langfristigem Wirtschaftswachstum aus dem Jahr 2002 kommt zu dem Schluss, dass bei einer hohen Aktienkapitalisierung und großen Börsenumsätzen auch mehr in Forschung und Entwicklung investiert wird. Das ist logisch, denn mit der Ausgabe von Aktien finanzieren Unternehmen ihre Zukunft und die Zukunft ihrer Beschäftigten. Ist es da nicht geradezu abstrus, dass die Käufer von Aktien als Zocker oder Spekulanten und Aktien als hoch riskant gelten?

1 Franz R. Hahn: *Aktienmarkt und langfristiges Wirtschaftswachstum*, WIFO-Institut Wien, 2002.

Es fehlt an einer echten Aktienkultur. Leider hält der Geldanlagestandort Deutschland mit dem unternehmerisch geprägten und international orientierten Wirtschaftsstandort Deutschland nicht mit. Denn während die Unternehmen hierzulande im globalen Vergleich gut aufgestellt sind und über solide Bilanzen verfügen, gehört der Durchschnittsdeutsche zu den Ärmsten in Europa, so unglaublich das klingt – denn er verlässt sich auf Arbeitseinkommen und staatliche Rente und vernachlässigt den kontinuierlichen Vermögensaufbau durch Immobilien- und Aktienbesitz. Gut die Hälfte des deutschen Geldvermögens liegt in Bankeinlagen und Staatsanleihen.

NULL RISIKO, NULL RENDITE

Für den langfristigen Vermögensaufbau ist die Aktien-Aversion der Deutschen natürlich fatal. Solange Sparbücher oder Anleihen noch lukrative Erträge abwarfen, war das nicht ganz so schlimm. Aber heute? Heute gibt es faktisch keine Zinsen mehr. Die haben die Notenbanker in der Finanz- und Schuldenkrise einfach abgeschafft. Das trifft die Deutschen besonders hart, denn sie sind besonders fleißige Sparer, ihre Sparquote – also der Anteil am verfügbaren Vermögen, den Verbraucher sparen – ist im Vergleich zu anderen Ländern mit zehn Prozent sehr hoch. Die Österreicher sparen beispielsweise nur halb so viel. Leider legen die Deutschen ihr Geld völlig falsch an, nämlich auf Sparbüchern, Tages- und Festgeldkonten, und verzichten so auf Rendite. Das bisschen an Zinserträgen, das sie erzielen, frisst ihnen die Inflation weg. Trotzdem begnügen sich die Sparer seit Jahren mit den Minierträgen.

Eine Umfrage im Auftrag der Fondsgesellschaft Union Investment hat ergeben, dass vor allem junge Menschen zwischen 20 und 29 Jahren weiterhin das niedrig verzinste Sparbuch favorisieren. Dabei haben doch gerade junge Menschen die Zeit, Aktienschwankungen auszusitzen. Gerade wenn es um ihre Altersvorsorge geht, sollten sie Aktien nicht meiden, sondern bevorzugen. Auf lange Sicht weisen Aktien allen Schwankungen und Börsencrashs zum Trotz das beste Chance-Risiko-Verhältnis auf. Das haben unzählige Studien und Auswertungen gezeigt. Doch leider fehlt gerade den jungen Anlegern der Mut – und nicht nur ihnen.

Und das alles nur, weil die deutschen Anleger partout auf Nummer sicher gehen wollen. Die meisten scheuen jedes Risiko. Schwankungsfreudige Investitionen wie Aktien meiden sie. Sie bevorzugen planbare Erträge, möchten genau wissen, wann sie wie viel Geld zurückbekommen. Und das am liebsten auf den Cent genau. Deshalb wählen sie festverzinsliche Anlagen wie Sparbücher oder Tagesgeldkonten, bestenfalls noch Bundesanleihen, die am Tag x zu 100 Prozent plus Zinsen zurückgezahlt werden. Doch damit betrügen sich die Sparer selbst, denn sie ignorieren, dass die Zinszahlungen geringer sind als die Inflationsrate. Das heißt, schon nach Abzug der Teuerungsrate verlieren sie Geld – Gebühren und Steuern kommen gegebenenfalls noch dazu.

Die fleißigen Sparer erliegen also der Illusion, ihr Geld sicher und gut angelegt zu haben, weil sie schließlich zurückbekommen, was sie investiert haben. Sie wiegen sich in Sicherheit – ein angenehmes Gefühl – und glauben, ihr Vermögen zu erhalten und sogar Erträge zu erzielen. Aber so ist es eben nicht. Finanzielle Repression nennen Experten das, wenn die Realrendite negativ ist und Sparer unter dem Strich – also nach Abzug von Inflation, Gebühren und Steuern – Miese machen.

Das mag kurzfristig nicht so schlimm sein, doch wenn Sie für Ihre Rente sparen, trifft die finanzielle Repression Sie besonders hart. Ein Beispiel zeigt, wie dramatisch das wirklich ist: Bei einer angenommen Inflationsrate von zwei Prozent hat eine Rentenzahlung von 1.000 Euro im Monat nach 35 Jahren Laufzeit nur noch eine Kaufkraft von 500 Euro. Der Kaufkraftverlust vernichtet nominale Werte, auch dann, wenn er nur moderat ausfällt. Das ist nicht neu. Eine einfache Rechnung, die so oder so ähnlich immer wieder überall zu lesen ist. Trotzdem bleibt das Geld in den fast zinslosen Anlageformen liegen.

Die Deutschen sind ängstlich, wenn es um ihr Geld geht. Mit übertriebenem Sicherheitsdenken und extremer Risikoaversion bringen sie sich aber um Rendite. Sie vernichten Vermögen.

RISIKO MUSS NEU DEFINIERT WERDEN

Doch was ist überhaupt Risiko? Wann ist eine Anlage riskant? Pauschal ist das nicht zu beantworten. Denn mehrere Faktoren spielen hier eine Rolle. Wie groß ist Ihre Risikobereitschaft? Wie lang Ihr Anlagehorizont? Doch diese Aspekte blenden wir gerne aus. Die typische Risikoeinschätzung sieht so aus: Kapitallebensversicherungen sind sicher und schützen das Einkommen der Familie im Alter. Rentenpapiere aller Art sind sicher und bieten einen risikolosen Zins. Dass es anders ist, haben Anleger, die in Anleihen der südeuropäischen Krisenstaaten, die noch bis zum Ausbruch der Schuldenkrise als solvente Schuldner galten, schmerzvoll erfahren müssen. Bausparen ist ebenfalls sicher und bringt die fleißigen Sparer ihrem Wunsch nach einer eigenen Immobilie näher. Immobilien sind sicher in der Wertsteigerung und wenig schwankungsanfällig. Gold wirft zwar keine Zinsen ab, ist aber wertbeständig und eine sichere Anlage in der Krise. Auch Goldanleger mussten in den vergangenen Jahren herbe Rückschläge einstecken – von wegen sicherer Hafen. Und nicht zuletzt Aktien – hier ist das Urteil der Anleger ganz klar: Aktien sind sehr riskant, schließlich können ihre Kurse stark schwanken. Zudem kennt jeder jemanden, der schlechte

Erfahrungen mit dieser Anlageform gemacht hat. Oder man selbst hat sich die Finger verbrannt.

Es lohnt sich, über die typischen Risikoeinschätzungen nachzudenken, sie zu hinterfragen. Gerade in Zeiten, in denen die Zinsen praktisch abgeschafft sind, muss Risiko neu betrachtet werden. Vermeintlich sichere Anlagen wie Geldmarktanlagen und Bundesanleihen reichen seit geraumer Zeit weder zum realen Kapitalerhalt noch zur Erfüllung versicherungsförmiger Garantien – und damit sind sie riskant und gefährden langfristig das Vermögen. Für private wie institutionelle Anleger ist das eine relativ neue Erfahrung. Dass sich diese Situation schnell ändert, glauben die wenigsten Experten. Es wird dauern, bis die Notenbanken die Zinsen wieder anheben. Ich bin überzeugt: Ohne Aktien ist ein langfristiger Vermögensaufbau nicht möglich. Das war schon früher so, ist in der Niedrigzinsphase aber noch existenzieller.

Rentabel trotz Ausreißern

Dass Aktieninvestments sich langfristig lohnen, rechnet regelmäßig der Fondsverband BVI vor. Wer auf einen Aktienfonds gesetzt hat, der in deutsche Werte investiert, konnte auf Sicht von zehn Jahren eine Rendite von immerhin 115 Prozent, kumuliert acht Prozent pro Jahr, erzielen. Wer 20 Jahre investiert ist, kommt auf eine Rendite von gut 270 Prozent. Und wer vor 30 Jahren einstieg, kann sich über eine Rendite von etwas mehr als 1.000 Prozent freuen. Etwas schwächer, aber immer noch sensationell, ist die Rendite bei international investierenden Fonds. Die kommen auf eine Rendite von fast 600 Prozent in 30 Jahren und gut 160 Prozent in 20 Jahren. Das sind natürlich Durchschnittswerte für einzelne Fondsgruppen und es gibt Ausreißer nach oben und unten. Trotzdem zeigen die Daten, dass Aktien eine rentable Anlageklasse sind. Nur leider ist das den wenigsten Deutschen zu vermitteln. „Bloß kein Risiko“ lautet ihre Devise, wenn es um Geldanlage geht.

Das gilt natürlich nicht für alle. Es gibt noch ein anderes Extrem: Wenn die Deutschen etwas mehr riskieren, dann zocken sie richtig. Dieser Eindruck drängt sich zumindest auf, wenn man sich die Umsätze mit Hebelpapieren und Optionsscheinen sowie den Trend zu sogenannten Contracts for Difference (kurz CFDs) anschaut. Bei Letzteren handelt es sich um Wetten auf die Entwicklung an den Aktien-, Devisen- oder Rohstoffmärkten. Ihnen liegt kein realer Wert, also keine Aktie, kein Rohstoff- oder Devisendepot zugrunde. Der Gewinn oder Verlust einer solchen Wette entspricht der Differenz zwischen dem Eröffnungs- und dem Schlusspreis einer CFD-Transaktion. Anleger können sowohl auf steigende als auch auf fallende Kurse des jeweiligen Basiswerts setzen – und das mit teils enormem Hebel und geringem Kapitaleinsatz. Das verspricht nicht nur satte Gewinne, wenn die Wette aufgeht. Es kann auch schwer danebengehen und Anlegern hohe Verluste bescheren.

Nicht selten gehen die übermütigen Renditejäger nämlich die heißen Wetten ein, ohne sich des Risikos wirklich bewusst zu sein – und wundern sich dann, wenn sie hohe Verluste einfahren oder das eingesetzte Geld gleich ganz weg ist. Sie gehen oft ein viel zu hohes Risiko ein, weil sie schlichtweg besser sein wollen als die anderen, besser als der Markt. Gier pur, wohl eine der reinsten Emotionen – und an der Börse eine der gefährlichsten.

Natürlich gilt an der Börse die Formel: je mehr Chance, desto mehr Risiko. Ein Hebel von 100 oder mehr ist aber kein Risiko mehr, sondern Wahnsinn. Solch waghalsige Wetten sollten Sie nur mit Spielgeld eingehen, also mit Geld, dessen Verlust Sie verschmerzen können. Mit weitsichtiger Geldanlage haben CFDs oder andere Hebelprodukte meiner Meinung nach nichts zu tun.

Also besser Finger weg von der Börse und all den spekulativen Produkten? Besser nicht. Wer auf das Sparbuch oder andere festverzinsliche Anlagen setzt, gefährdet sein Vermögen. Nun könnten Sie natürlich entgegnen, irgendwann werden die Zinsen schon wieder steigen. Mit Sicherheit. Nur wann? Wer auf die gute Fee wartet, die die Zinsen wieder einführt, wird sehr lange warten müssen. Und selbst wenn die Notenbanker irgendwann umschwenken, wird der Zinsanstieg langsam vorangehen, Schritt für Schritt eben. Bis davon etwas bei den fleißigen deutschen Sparern ankommt, wird es noch ein bisschen länger dauern. Klassische Sparanlagen sind bis auf Weiteres ein Minusgeschäft.

LANGFRISTIG PUNKTEN AKTIENANLAGEN

Rendite haben in den vergangenen Jahren vor allem Aktien gebracht. Um die Vorzüge einer Aktienanlage voll ausspielen zu können, braucht es einen angemessenen Anlagehorizont, das zeigen nicht nur die Zahlen vom Fondsverband. Die Wahrscheinlichkeit, mit einem Aktiendepot eine bessere Rendite zu erzielen als mit Anleihen, nimmt mit der Dauer der Anlage deutlich zu: Nach fünf Jahren liegt die Wahrscheinlichkeit, eine Rendite von mehr als sechs Prozent zu erzielen, nach Berechnungen des Deutschen Aktieninstituts bereits bei mehr als 70 Prozent, nach 20 Jahren bei fast 90 Prozent und nach 30 Jahren bei nahezu 100 Prozent. Behalten Sie nur die Ruhe, dann kommt der Erfolg Ihrer Aktienanlage ganz von allein. Allerdings sollten Sie breit streuen, wer nur auf eine Hand voll Aktien setzt, geht ein zu hohes Risiko ein.

Haben Sie Geduld, verfallen Sie nicht in Panik, wenn es mal kräftig abwärts geht. Die Zahlen des Fondsverbands zeigen: Selbst die großen Verwerfungen an den Börsen, die wir seit der Jahrtausendwende zugegebenermaßen gleich mehrmals erlebt haben, konnten der guten Entwicklung von Aktien nicht nachhaltig schaden. Doch solche Argumente verpuffen bei den Deutschen: Im Super-Aktienjahr 2013, in dem der Dax 24 Prozent zulegte, ist die Zahl der Aktionäre und Fondbesitzer sogar wieder um rund 600.000 geschrumpft.

Ein weiterer Rückschlag für die Aktienkultur. Noch nicht einmal jeder siebte Deutsche investiert in Aktien.

Also hat auch nicht einmal jeder Siebte von der jahrelangen Rally an den Finanzmärkten profitiert. Doch von den satten Renditen der Dividendentitel wollen die Börsenmuffel nichts hören. Dabei sind Aktien nachgewiesenermaßen langfristig die Anlageklasse mit dem besten Chance-Risiko-Verhältnis. Die Betonung liegt klar auf langfristig. Denn zwischenzeitlich können sie mächtig schwanken.

Und diese Schwankungen setzen die fleißigen deutschen Sparer mit Risiko gleich. Das Auf und Ab verunsichert, wir fühlen uns nicht wohl, wenn das Depot binnen einiger Tage zehn Prozent weniger wert ist. Natürlich schwankt ein Aktienkurs, mitunter sogar ganz erheblich. Auch ein brutaler Absturz gleich mehrerer großer Weltbörsen ist möglich, davon haben wir seit 2000 schließlich drei erlebt. Erst platzte die Internetblase, dann brach die Finanzkrise aus, gefolgt von der Schuldenkrise. Aber die Kurse haben sich immer wieder erholt, die meisten Indizes notieren 14 Jahre später höher als zur Jahrtausendwende. Vor allem bei einem langen Anlagehorizont, und der ist unbedingt erforderlich bei Aktieninvestments, punkten Aktien.

Gegen dieses Argument führen die ängstlichen deutschen Anleger gerne die „verlorene Dekade" an. Die ersten zehn Jahre dieses Jahrtausends hat der Dax nämlich negativ abgeschlossen. Auch für US-Aktien lief es nicht besser. Wirtschaftsnobelpreisträger Paul Krugman schlug daher vor, den Zeitraum von 2000 bis 2010 „Die große Null" zu nennen. Unterm Strich sei „vor allem nichts passiert", schrieb Krugman in der *New York Times*. Damals wären Anleger mit vielen anderen Anlageformen besser gefahren, so das Argument der Sparer. Allerdings ist die Betrachtung stichtagsbezogen. Wer drei Jahre später in deutsche Standardwerte investiert hatte, freute sich nach zehn Jahren über ein Plus von knapp 130 Prozent. Und je länger der Anlagehorizont, desto besser das Ergebnis. In den vergangenen 20 Jahren hat sich der Kurs des Standardwerte-Barometers nämlich

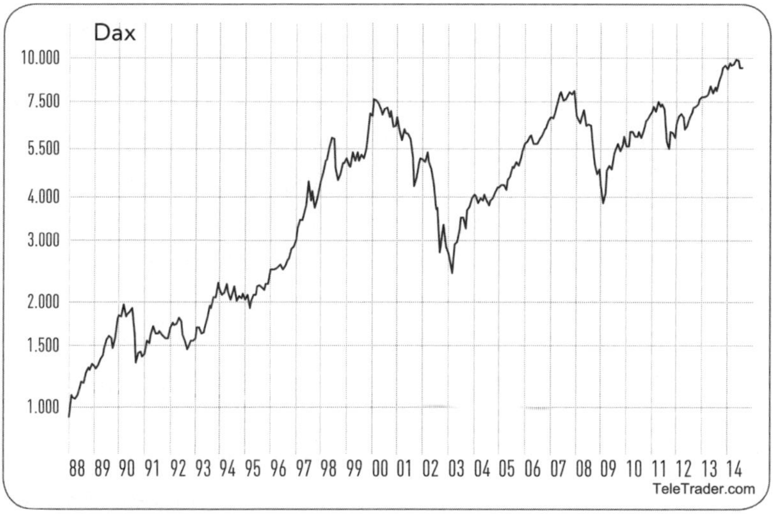

Langfristig erfolgreich

mehr als verdreifacht. Da fällt die verlorene Dekade gar nicht mehr ins Gewicht. Auf lange Sicht punkten Aktien (siehe Grafik).

Ich bin eine überzeugte Börsianerin. Aktien sind Sachwerte, ich beteilige mich an Unternehmen. Auch wenn die Schwankungen der Kurse gerade in Krisenzeiten extrem sein können – Profis sprechen von höchster Volatilität – schlagen Aktien langfristig alle anderen Anlageklassen. So wie ich denken zum Glück noch viele andere. Denn die Aussage, dass die Deutschen Sparer sind, die auf Rendite verzichten, ist natürlich etwas zugespitzt. Sie trifft auf sehr viele unserer Mitbürger zu, aber eben nicht auf alle. Es gibt ja immerhin noch fast 13 Millionen Aktionäre und Besitzer von Aktienfonds.

Jeder siebte Deutsche hält Aktien. Bei unseren Nachbarn ist es mit der Aktienkultur ebenfalls nicht so weit her. In der Schweiz ist beispielsweise nur jeder Fünfte Aktionär – mehr als bei uns, aber immer noch sehr wenig. In Großbritannien ist es immerhin fast jeder Vierte. In anderen Ländern ist die Aktienkultur sehr viel ausgeprägter. In den USA ist sogar etwas mehr als jeder Zweite Aktionär, was allerdings auch dem amerikanischen Altersvorsorgesystem geschuldet ist. Trotzdem: Im Vergleich zu anderen Ländern ist Deutschland in Sachen Aktienkultur völlig unterentwickelt, ein Dritte-Welt-Land. Das spiegelt sich auch bei den Börsenunternehmen wider: In Deutschland beträgt die Marktkapitalisierung der Aktiengesellschaften nur 45,8 Prozent des Bruttoinlandsprodukts. In den USA sind es stolze 102 Prozent, in Großbritannien 120 Prozent und in der Schweiz sogar 193,5 Prozent.

Wenn aber all diese Argumente nichts bewirken, was tun? Die Finanzbranche denkt darüber schon lange nach – zugegebenermaßen nicht ganz uneigennützig, weil sie schließlich ihre Produkte verkaufen will. Häufig heißt es, den Deutschen fehle es an Finanzbildung. Deshalb würden sie die Aktie meiden. Und in der Tat: Viele Deutsche zeigen erschreckende Wissenslücken bei Finanzthemen. Das hat beispielsweise eine aktuelle Studie der George Washington School of Business gezeigt. Dabei konnten nur etwas mehr als die Hälfte der 1.060 Befragten drei relativ einfach Fragen beantworten.

Frage Nummer eins lautete: Wenn man 100 Euro fünf Jahre lang angelegt, jährlich zwei Prozent Zinsen bekommt und diese auf dem Konto liegen lässt, hat man dann am Ende mehr oder weniger als 102 Euro oder aber exakt diesen Betrag? Es sind natürlich mehr als 102 Euro. Frage Nummer zwei: Könnte man bei einem Zinssatz auf das Ersparte von einem Prozent und einer Inflationsrate von zwei Prozent nach einem Jahr im Vergleich zu heute mehr, weniger oder gleich viel kaufen? Da die Inflationsrate über dem Zinssatz liegt, sinkt die Kaufkraft natürlich. Man kann weniger kaufen. Und Frage Nummer drei: Ist es riskanter, Aktien eines Unternehmens zu kaufen oder in einen Fonds zu investieren. Richtig wäre die Antwort „Aktie“ gewesen. Fast vier von zehn Deutschen haben sich übrigens bei mindestens einer Frage gar nicht getraut, eine Antwort zu geben. Zwar schneiden die Bundesbürger bei der Studie schlecht ab, aber das Finanzwissen der Schweizer, Niederländer, Franzosen, Amerikaner und Schweden ist sogar noch schlechter. Ein schwacher Trost. Mehr Finanzwissen tut also unbestritten Not!

Das Ganze hat nämlich auch einen psychologischen Aspekt: Wer die Märkte und ihre Funktionsweise nicht versteht, der fühlt sich unwohl und wird unsicher. Diese Gefühle mögen wir aber nicht, und deshalb wollen wir sie abstellen, ihnen aus dem Weg gehen – und meiden lieber die Kapitalmärkte, die uns solches Unbehagen bescheren. Auch eingefleischten Börsianern mangelt es mitunter an diesem Wissen. Auch sie fühlen dieses Unbehagen – negative Gefühle, Emotionen, die uns in viele Fallen tappen lassen.

DEN RATIONALEN ANLEGER GIBT ES NICHT

Es gibt keinen Anleger aus Fleisch und Blut, den seine Emotionen nicht in seinem Handeln beeinflussen. Wissenschaftler sind trotzdem viele Jahre lang davon ausgegangen, dass Anleger einen kühlen Kopf bewahren. Die moderne Kapitalmarkttheorie hat dabei aber leider den Menschen vergessen. „Homo oeconomicus" hieß das Fabelwesen, mit dem wir aber leider nicht besonders viel gemein haben. Den rationalen Investor gibt es nämlich leider nicht. Die Wissenschaft kann zwar schöne, in sich logische Modelle entwickeln, mit der Wirklichkeit des Lebens und Handelns an der Börse haben die aber wenig zu tun. Der „Homo oeconomicus" argumentiert und handelt streng logisch, er nimmt alle Informationen völlig unvoreingenommen auf und strebt permanent nach Gewinnmaximierung bei minimalem Einsatz von Zeit, Arbeit und Kapital. Emotionen wie Gier oder Angst sind ihm völlig fremd. Leider ist der „Homo oeconomicus" ein Trugbild der neoklassischen Ökonomen, die sich hauptsächlich der Mathematik verschrieben hatten, um ökonomische Prozesse zu deuten. Schade eigentlich, denn wir wären viel erfolgreicher an der Börse, wenn wir streng rational handeln würden.

Aber das tun wir eben nicht. Trotzdem galt für Generationen von universitären Ökonomen und Volkswirten, dass Finanzmärkte ein Hort der Rationalität sind und Anleger kühle Rechner, die ausschließlich ihren Nutzen maximieren. Mit der Realität hatte das aber wenig zu tun. Die Börse, das ist eine Geschichte von Obsessionen, Irrtümern und Übertreibungen. Sie lässt sich eher mit dem Instrumentarium eines Psychoanalytikers als mit mathematischen Formeln erklären. Anleger sind euphorisch wie beispielsweise zu Zeiten des Neuen Marktes, verfallen aber schnell in Panik, wenn es nicht mehr optimal läuft, rational sind sie aber an sich nie.

Nicht nur den „Homo oeconomicus" gibt es nicht. Auch an der Markteffizienzhypothese, einer der Grundlagen der modernen Kapitalmarkttheorie, zweifele ich mitunter. Denn auch sie geht davon aus, dass sich alle Marktteilnehmer streng rational verhalten, was sie eben nicht tun. Die zweite Annahme, dass der Markt sich in jeder Situation selbst heilen wird und möglichst wenig politische Eingriffe nötig sind, ist auch nicht realistisch. Aber nicht weil der Markt versagt, wie während der Finanzkrise oft behauptet wurde, sondern weil wir keinen freien Markt haben. Das permanente Einwirken der Zentralbanken auf den Zins und die Geldversorgung und die Eingriffe der Regierung über immer neue Regulierungen verzerren die Selbstheilungskräfte.

Davor müssen wir als Langfristanleger aber keine Angst haben, wir müssen es – ebenso wie unsere Emotionen – nur verstehen. Dabei soll Ihnen dieses Buch helfen. Es ist auch ein Plädoyer für die Aktie. Sie ist kein Zockerpapier und wer langfristig in Unternehmensbeteiligungen investiert, ist auch kein waghalsiger Spekulant – im Gegenteil. Sie ist ein wichtiger und in Zeiten, in denen Zinsen praktisch abgeschafft sind, unabdingbarer Baustein der Vermögensanlage und Altersvorsorge. Ihre Renditen sind höher als die von anderen Anlageklassen – und das nicht erst, seit die Notenbanken die Zinsen auf historische Tiefs gesenkt haben. Vor allem im langfristigen Vergleich schlagen Aktien viele andere Anlageklassen. Sie sind also viel weniger Risiko- als vielmehr Chancenpapiere. Natürlich schwanken sie auch stärker als andere Anlageklassen. Zwischenzeitliche Abstürze um 30 oder sogar 50 Prozent sind immer möglich und in den vergangenen Jahren haben wir sie überdurchschnittlich oft erlebt. Und diese Kapriolen gilt es auszuhalten. Leider macht vielen Anlegern dabei ihre Psyche einen Strich durch die Rechnung. Emotionen haben aber an der Börse nichts zu suchen. So weit die Theorie. Darum, wie wir Psychofallen erkennen und umschiffen, also unsere Emotionen möglichst gut kontrollieren, geht es in den folgenden Kapiteln.

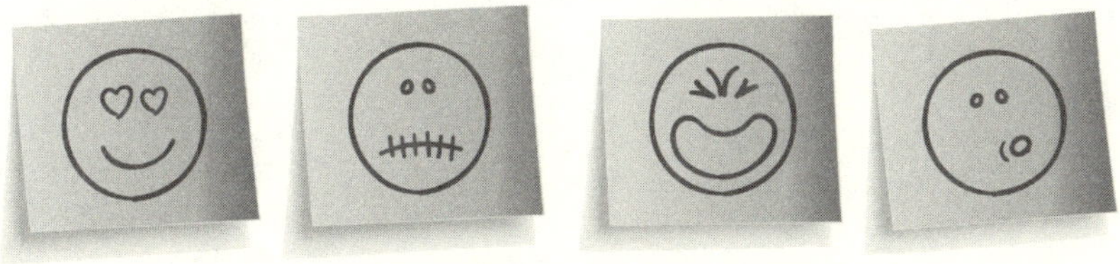

DIE BÖRSE BESTEHT ZU 90 PROZENT AUS EMOTIONEN

Wenn es also den „Homo oeconomicus", den streng rational handelnden Anleger, nicht gibt, was dann? Sind wir alle total irrational, handeln wir an den Märkten völlig spontan, vielleicht sogar chaotisch? Leider lautet die Antwort auf diese Frage: Ja. Das mag übertrieben klingen, ist es aber nicht. Wir agieren an der Börse leider viel zu oft nach dem Prinzip Versuch und Irrtum. Statt aus unseren Fehlern zu lernen, machen wir sie immer und immer wieder. Von Emotionen wie Gier oder Angst geleitet stolpern wir von Falle zu Falle. Regiert das Gefühl über den Verstand, der Bauch über den Kopf, dann treffen viele Investoren Fehlentscheidungen. Vor allem Privatanleger, aber nicht nur sie lassen sich von Panik oder Gier anstecken und handeln unüberlegt. Sie folgen ihren Gefühlen, sind ihnen sogar völlig ausgeliefert. Emotionen sind an der Börse selten ein guter Ratgeber.

Dem „Homo oeconomicus" würde das natürlich niemals passieren. Sein Charakter lässt das gar nicht erst zu: Er handelt logisch, rational, vollkommen emotionslos, eigennützig und ist einzig auf seinen materiellen Nutzen und seinen Vorteil aus. Er weiß ganz genau, was er will. Gier oder Angst, Unentschlossenheit oder Panik sind ihm völlig fremd. Nur leider ist der echte Mensch auch nicht im Entferntesten verwandt mit diesem Wesen. Im Leben mag uns das auszeichnen. An der Börse ist das ein Problem.

Geboren wurde der ökonomische Mensch übrigens schon im 19. Jahrhundert, nämlich im Werk des englischen Ökonomen und

Philosophen John Stuart Mill. Seinen lateinischen Namen „Homo oeconomicus“ erhielt er aber erst später.[1] Natürlich waren sich auch seine Schöpfer darüber im Klaren, dass sie den wahren Menschen auf wenige Annahmen reduzierten und ihm nicht gerecht wurden. Trotzdem legte der „Homo oeconomicus“ eine glänzende Karriere hin und wurde für alle ökonomischen Modelle der Kapitalmarkt- und Portfoliotheorie herangezogen. Dass er mit einem Menschen aus Fleisch und Blut herzlich wenig zu tun hatte, störte die fleißigen Forscher nicht, ließ sich das Verhalten dieses Phantasiewesens doch so herrlich voraussehen und in Modelle pressen und ermöglichte so Vorhersagen für Wirtschaft und Finanzmärkte.

Es gibt unzählige Versuche, die zeigen, wie wir Menschen mit Geld umgehen und auf mögliche Gewinne reagieren. Ein bekannter und sehr anschaulicher Versuch ist dieser: Sie und eine Ihnen unbekannte zweite Person sollen 100 Euro geschenkt bekommen. Allerdings unter der Bedingung, dass Sie sich über die Verteilung einigen. Ihr Gegenüber darf entscheiden, wer wie viel bekommt. Sie haben allerdings ein Vetorecht. Nicken Sie die Verteilung ab, wird der Geldbetrag entsprechend verteilt, lehnen Sie aber ab, erhält keiner von Ihnen auch nur einen Cent. Bei 50 Euro für jeden werden Sie wohl zustimmen. Denn das ist ein fairer Vorschlag. Doch wie reagieren Sie, wenn Ihnen Ihr Gegenüber nur 30 Euro abgeben will und den Rest für sich behalten möchte? Oder wenn er Ihnen gar noch weniger zuspricht? Sie werden wenig begeistert sein und das unfair erscheinende Angebot wahrscheinlich sogar empört ablehnen. Damit gehen Sie zwar leer aus, Ihr gieriges Gegenüber aber auch! Der „Homo oeconomicus“ jedoch würde völlig anders reagieren. Da er weder Neid noch Gier oder Missgunst kennt, würde er nicht einmal mit der Wimper zucken und jeglichen Geldbetrag nehmen, der ihm

1 Kirchgässner, Gebhard, Homo oeconomicus, 3. Auflage, Mohr Siebich Tübingen 2008.

angeboten wird. Ein Euro ist schließlich besser als nichts – eine völlig rationale Entscheidung, aber keine menschliche.

Noch abwegiger ist die vollständige Informiertheit, die dem „Homo oeconomicus" ursprünglich zugesprochen wurde. Man muss kein Mediziner oder Biologe sein, um zu erkennen, dass kein Mensch in der Lage ist, alle verfügbaren Informationen aufzunehmen, geschweige denn zu analysieren und zu bewerten. Dazu reicht schlicht und einfach die Kapazität unseres Gehirns nicht aus. Deshalb sind wir – anders als das Modellwesen – auch nicht zu absoluter Rationalität fähig, die den Gesetzen von Logik und Wahrscheinlichkeit folgt. Absolute Rationalität ist wohl ausschließlich einer übermenschlichen Instanz vorbehalten: Sie muss über sämtliche Informationen und die entsprechenden Bewertungskapazitäten verfügen und später auch noch folgerichtig und konsequent die ökonomisch beste Alternative wählen, um den eigenen Nutzen zu maximieren. Diese Nutzenmaximierung ist untrennbar mit Rationalität verbunden. Der Mensch hingegen hat solche Superkräfte nicht– seine Kapazitäten sind beschränkt. Wir sind eben keine Hochleistungs-Computer, die blitzschnell die beste alle Möglichkeiten ermitteln.

Mittlerweile haben die Wissenschaftler erkannt, dass ihr Modell des „Homo oeconomicus" wenig zielführend ist, und es modernisiert. Der neue Modellmensch ist sich nun durchaus bewusst, dass er nicht allein auf der Welt ist. Missgunst, Neid und Altruismus sind ihm nicht mehr völlig fremd, bleiben aber die Ausnahme. Mittlerweile besteht er auch nicht mehr darauf, den höchsten Gewinn zu erzielen, sondern gibt sich sogar mit weniger zufrieden. Er entscheidet unter unvollständiger Information und Stress, seine Vorlieben können sich ändern – aber nur selten. Es bleibt am Ende nämlich leider dabei: Soviel die Forscher ihn auch modifiziert haben, um ihn menschlicher zu machen – auch der jüngere Bruder des „Homo oeconomicus" ist dem Menschen allenfalls so ähnlich wie der Regenwurm der Schlange. Ob nun Psychologen, Hirnforscher, Biologen oder Sozialwissenschaftler, sie alle können nach wie vor keine enge Verwandtschaft feststellen.

Der Mensch besteht eben genau aus dem, was selbst dem modernen „Homo oeconomicus" nur in Ausnahmefällen zugestanden wird. Ihn treiben Neid, Schadenfreude, aber auch Altruismus und Moralvorstellungen um. Auch das moderne Modellwesen würde nicht mit der Wimper zucken, wenn es darum geht, eine äußerst Erfolg versprechende Aktie eines Rüstungskonzerns oder eines Modekonzerns, der auf Kinderarbeit setzt, zu kaufen. Der echte Mensch hat aber hierbei oft moralische Bedenken und verzichtet lieber auf die Rendite.

Im Gegensatz zum „Homo oeconomicus" bewegen wir uns in einem Spannungsfeld zwischen unmittelbarer Befriedigung unserer Wünsche und unseren langfristigen Zielen. Mögen wir auch die besten Vorsätze haben, etwa für das Alter zu sparen, wir schmeißen sie doch bei erstbester Gelegenheit über Bord. Beispielsweise wenn wir uns in eine teure Armbanduhr oder Designerhandtasche verlieben. Dann vergessen wir unsere ehernen Ziele und greifen die Rücklage fürs Alter an – schließlich haben wir ja noch jahrelang Zeit, für den Ruhestand vorzusorgen. Oder schlimmer noch: Der neue Sportwagen des Nachbarn verleitet uns dazu, unsere langfristige Vermögensplanung aufzugeben und doch lieber auch einen Flitzer zu kaufen. Natürlich muss der schneller sein als der des Nachbarn. Wir verstoßen – anders als der „Homo oeconomicus" – immer wieder gegen die Gesetze der Logik und ändern ständig unsere Vorlieben und Ziele. Sportwagen, Armbanduhr oder Tasche machen uns aber nur kurzfristig wirklich glücklich. So ist es oft, wenn wir uns unsere Wünsche erfüllen. Das Glücksgefühl flaut schnell ab, kurz ist die Freude und lang ist die Reue.

Viele Entscheidungen treffen wir aus dem Bauch heraus. Das ist natürlich eine irreführende Redewendung, denn auch diese Entscheidungen werden im Kopf gefällt. Gemeint sind all diejenigen

Urteile und Bewertungen, die unser Gehirn „automatisch" trifft. Neben dem logischen, bewussten Denken gibt es nämlich noch die Intuition, also das Bauchgefühl – quasi ein menschlicher Autopilot. Das Tückische daran: Wir fliegen viel öfter mit dem Autopiloten, als wir uns bewusst sind. Auch wenn wir überzeugt sind, eine Entscheidung bewusst, rational und absolut logisch durchdacht getroffen zu haben, war es eben oft der Autopilot. Dem „Homo oeconomicus" würde das niemals passieren.

Ein strenges Regelwerk schützt vor emotionalen Entscheidungen

Der sprichwörtliche kühle Kopf, der rationale Entscheider, der nur nach Maximierung seiner Gewinne strebt, bleibt also ein theoretisches Konstrukt – in der Praxis begegnet er uns nur selten. Es gibt natürlich Fondsmanager und Vermögensverwalter, die nach streng mathematischen Konzepten handeln und den Computer ihre Anlageentscheidungen treffen lassen. Der Vermögensverwalter Frank Lingohr ist so einer. Der Spezialist für Kennzahlenanalyse gilt als regelrechter „Zahlenfresser", der auf Value-Aktien, also unterbewertete Unternehmen, setzt. Diese Titel entwickeln sich vor allem in einer frühen Phase des Börsenaufschwungs sensationell, weil Lingohr sie dann zu Spottpreisen kaufen kann. Nimmt die Rally erst mal Fahrt auf, fallen die Substanzwerte aber irgendwann zurück, dann laufen Wachstumswerte oft besser. Eigens entwickelte Computerprogramme identifizieren die Value-Aktien, die in den hauseigenen Fonds wandern sollen. Natürlich entscheidet am Ende der Fondsmanager, aber das Regelwerk ist so strikt, dass für Emotionen kein Platz ist. Doch in Wahrheit ist auch Frank Lingohr nicht vor ihnen gefeit. „Mir geht es relativ schlecht, wenn die Kurse sehr stark steigen", erzählte er mir. „Aber wir haben ein sehr strenges Regelwerk, an dem wir uns dann festhalten und auf das wir voll vertrauen. Auch ich brauche das nach all den Jahren noch – ohne geht es nicht." Sein Regelwerk schützt ihn davor, die Nerven zu verlieren, in fallenden wie in steigenden Märkten. So lassen sich Emotionen wunderbar kontrollieren, denn frei von Emotionen sind eben auch die Profi-Investoren nicht. Menschen verhalten sich nicht so vernünftig, wie man erwarten möchte. Schon gar nicht, wenn es um Geld geht.

Und deshalb bestimmen auch die Gefühle das Treiben an den Märkten. Das hat bereits John Maynard Keynes erkannt: „Das Geheimnis des erfolgreichen Börsengeschäfts liegt darin, zu erkennen, was der Durchschnittsbürger glaubt, dass der Durchschnittsbürger tut", sagte der Ökonom einst. „Es gibt nichts, was so verheerend ist wie rationales Anlageverhalten in einer irrationalen Welt." Wissenschaftler predigen in ihren Lehrbüchern gebetsmühlenartig, dass Gefühle wie Neid und Gier – Motive, die ein „Homo oeconomicus" nicht kennt – an den Finanzmärkten nichts verloren haben. Aber das ändert nun mal nichts daran, dass es genau diese Emotionen und Regungen sind, die uns auszeichnen und die uns maßgeblich beeinflussen. Wir gieren nach Reichtum, wollen doch zumindest mehr besitzen als der Nachbar, Kollege oder Sportfreund. Manch einer sucht an der Börse die Spannung und den Nervenkitzel. Läuft es an der Börse nicht so, wie wir es uns erhofft hatten, verzweifeln wir mitunter an unseren Engagements und ziehen fast schon panisch die Reißleine. Irrational, aber menschlich.

„Es gibt nichts, was so verheerend ist wie rationales Anlageverhalten in einer irrationalen Welt."
JOHN MAYNARD KEYNES

BEHAVIORAL FINANCE – EINE NEUE WISSENSCHAFT SOLL HELFEN

Unser ganzes Leben steckt voller Emotionen. Wenn wir sehen, schmecken, riechen, hören oder tasten, weckt das Gefühle und Erinnerungen in uns. Wir sehen nie einfach nur ein Auto, sondern ein schönes oder hässliches Auto, ein teures oder billiges Auto. Trotzdem waren Emotionen lange das Stiefkind der Entscheidungsforschung, eine Art Störfeuer. Eine Emotion ist eine bewusste oder unbewusste Gemütsregung, die gewöhnlich mit einer körperlichen Reaktion und einer kognitiven Bewertung einhergeht. Das lässt sich übrigens auch aus der lateinischen Wortherkunft ableiten: emovere bedeutet erschüttern oder aufwühlen, movere meint bewegen. Eine Emotion ist also nicht nur eine Antwort auf eine wahrgenommene Veränderung, sondern motiviert auch zu einem bestimmten Verhalten. Ein Gefühl hingegen ist das bewusste Erleben der Emotion.

Dass die Psychologie unser Anlageverhalten nicht nur beeinflusst, sondern zu einem großen Teil bestimmt, haben längst auch die Forscher erkannt. Inzwischen beschäftigt sich ein eigener Forschungszweig, die Behavioral Finance, mit unserem pseudo-rationalen Anlageverhalten. Diese noch recht neue Wissenschaft – zu deutsch verhaltensorientierte Finanzmarktanalyse – berücksichtigt die Tatsache, dass sich die Anleger eben nicht streng rational verhalten, und stellt den Menschen, so wie er ist, in den Mittelpunkt der Untersuchungen. Eben weil unser Handeln von ganz individuellen Motiven, Einstellungen und auch Bewertungen bestimmt wird – auch an der Börse.

Nicht jeder Anleger reagiert psychisch und physisch gleich. Der eine kann kaum noch schlafen, wenn es an den Börsen abwärts geht, der andere bleibt relativ gelassen. Wieder ein anderer wird fast schon panisch, loggt sich alle paar Minuten mit nassen Händen in sein Online-Depot ein und starrt wie hypnotisiert auf die Kurse. Wir nehmen Informationen unterschiedlich wahr, verarbeiten sie anders und fällen Entscheidungen aus ganz unterschiedlichen Gründen. Es gibt eben auch keinen typischen Anleger.

Trotzdem kommt es an der Börse zu massenpsychologischen Effekten, weil sich die Marktteilnehmer von der Stimmung anderer – ob nun euphorisch oder panisch – anstecken lassen. So entstehen irrationale Übertreibungen nach oben oder nach unten. Goldgräberstimmung oder Crash. Das irrationale Verhalten der Anleger ist nicht zufällig, sondern es hat System. Wir handeln also nicht ausnahmsweise mal kurz irrational, sondern unser Wahnsinn hat Methode. Die Behavioral Finance hat nicht das Ziel, uns ständig unsere Fehler und Irrationalität nachzuweisen. Vielmehr will sie uns die Erkenntnisse der verhaltensorientierten Ökonomie näherbringen und uns helfen, bessere Entscheidungen zu treffen – und das nicht nur an der Börse.

Die Märkte werden ganz wesentlich von psychologischen Wirkungsweisen, Verhaltensmustern und Konditionierungen beeinflusst. Aber keine Angst, dieses Buch soll kein wissenschaftliches Werk sein, also kein Führer durch die jüngsten Forschungsergebnisse der Ökonomie und Erkenntnisse der Psychologie. Es geht darum, zu verstehen, was an den Märkten vorgeht und was sie bewegt, warum wir handeln, wie wir handeln, warum Blasen entstehen und wieder platzen, warum gute Nachrichten verpuffen oder sogar für Kursrückgänge sorgen und warum bei schlechten nicht selten genau das Gegenteil passiert.

Wir machen an der Börse viele Fehler. Wir sind „branchenverliebt", viel zu heimattreu, unsere Urteile sind völlig verzerrt, wir folgen blind unserem Bauchgefühl, lassen uns von anderen mitreißen, nehmen Chancen und Risiken falsch wahr. Das sind nur einige der Fehler, für die ich Sie mit diesem Buch sensibilisieren möchte. Und die Sie hoffentlich künftig vermeiden.

Auch Profis überschätzen sich selbst

Es sind übrigens keinesfalls nur die Anfänger an der Börse, die in diese und andere Fallen tappen. Studien belegen, dass sich gerade erfahrene und besonders vermögende Geldanleger irrational verhalten. Der Grund ist völlige Selbstüberschätzung. Anleger mit einem Vermögen von mindestens einer halben Million Euro verfallen dem „Home Bias", also der falsch verstanden Heimatliebe und damit Übergewichtung der heimischen Aktien im Depot, genauso wie

Anfänger. Sie bilden sich ein, diese Papiere besonders gut einschätzen zu können, weil sie die Unternehmen doch ach so gut kennen. Das ist übrigens nicht nur ein Phänomen unter Investoren. Auch in anderen Berufsgruppen verfallen die Profis der Selbstüberschätzung. Psychologen überschätzen ihre Analysefähigkeit, Manager ihre Führungskompetenz oder Analysten ihr Wissen über ihr Fachgebiet. Warum sollte es uns Privatanlegern also anders ergehen?

Fehleinschätzungen haben aber nicht zwangsläufig etwas mit Selbstüberschätzung oder gar Unwissen zu tun. Unser Gehirn spielt uns oft einen Streich: Wir sind nämlich äußerst harmoniesüchtig. Wir wollen uns mit unseren Entscheidungen am Ende wohlfühlen, und deshalb „manipulieren" wir zur Not unsere innere Buchführung, um diesen Geisteszustand zu erreichen. Wissenschaftler sprechen von kognitiver Dissonanz. Darunter wird ein als unangenehm empfundener Gefühlszustand verstanden, bei dem es nicht gelingt, unterschiedliche Einstellungen, Gefühle, Wahrnehmungen, Gedanken oder Absichten miteinander in Einklang zu bringen. Dieser Mechanismus sorgt dafür, dass wir Informationen, die mit unseren Wertvorstellungen nicht übereinstimmen, systematisch ausblenden. Für den Anleger ist seine Harmoniesucht fatal, weil sie natürlich zu Fehlinterpretationen und -entscheidungen führt. Aber sie ist zutiefst menschlich und betrifft uns alle.

Dazu gehört auch, dass wir lieber heute einen kleinen Geldgewinn einstreichen und so auf einen möglichen noch größeren Gewinn in der Zukunft verzichten. Den realisierten Gewinn kann uns niemand mehr nehmen. Die Gefahr, ihn wieder zu verlieren, weil wir investiert bleiben, gehen wir lieber nicht ein. Warum das so ist, haben die Psychologen Daniel Kahneman und Amos Tversky[2] mit ihrer „Prospect

2 Tversky, Amos, Kahneman, Daniel: Loss Aversion and Riskless Choice: A Reference Dependent Model, Quarterly Journal of Economics, Vol. 106 (4), S. 1039-1061, 1991.

Theory" erklärt. Sie ist das Kernstück der Behavioral Finance. Die beiden Wissenschaftler haben herausgefunden, dass wir Gewinne und Verluste ganz unterschiedlich bewerten.Verluste empfinden wir nämlich zweieinhalb Mal stärker als Gewinne in gleicher Höhe, was für unsere Entscheidungen von wesentlicher Bedeutung ist. Die Tatsache, dass Verluste schwerer wiegen als Gewinne in gleicher Höhe, hat Folgen für unser Risikoverhalten. Wir mögen keine Unsicherheit, wir wollen die Kontrolle behalten. Also lieber mit Gewinn verkaufen als das Risiko eines Kursrückgangs in Kauf nehmen.

Es ist auch nur verständlich, dass Investoren auf Faustregeln zurückgreifen. Anders können sie die Flut der auf sie einströmenden Informationen gar nicht sichten, ordnen und bewerten. Das gilt übrigens nicht nur für den Finanzmarkt, sondern für alle Lebensbereiche. Wir können nur begrenzt rational denken und entscheiden, allein schon deshalb, weil wir niemals in der Lage sein werden, alle verfügbaren Informationen zu verarbeiten. Das ist einfach nicht möglich. Wir müssen uns auf vertraute Muster verlassen, und die sind von unseren Erlebnissen, unseren Erfahrungen geprägt – und damit oft hoch emotional.

Aber wie so oft im Leben ist Selbsterkenntnis der erste Schritt zur Besserung. Wir werden immer wieder Fehler an der Börse machen, das gehört einfach dazu. Doch wenn wir unsere Emotionen erkennen, noch einmal in Ruhe nachdenken und erst dann handeln, werden diese Fehler hoffentlich weniger. Dieses Buch soll Ihnen dabei helfen.

IM WECHSELBAD DER GEFÜHLE

Zweifel, Zuversicht Gier, Hochmut, Schreck, Hoffnung, Ratlosigkeit, Angst, Panik, Reue und Abscheu – wir durchlaufen bei der Geldan-

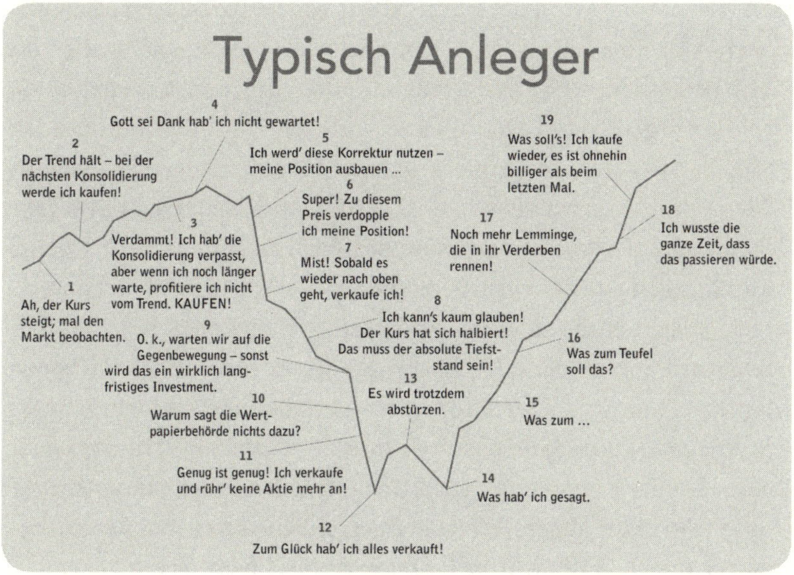

lage eine Vielzahl von Gemütszuständen. Es ist ein sich wiederholender Zyklus. Es sind immer wieder die gleichen Gedanken, die gleichen Reaktionen und die gleichen Fehler.

Wenn die Kurse nach einem Crash oder einer länger anhaltenden Schwächephase – Börsianer sprechen von einer Baisse – langsam zu steigen beginnen, zweifeln wir noch. Ob das eine nachhaltige Erholung ist? Wir beobachten lieber erst einmal in Ruhe, was passiert. Der Trend hält an, doch anstatt einzusteigen, warten wir lieber auf einen Rücksetzer. Schließlich wollen wir nicht zu teuer kaufen. Doch wenn die Konsolidierung nicht kommt, die Kurse also weiter steigen, werden wir nervös. Wir wollen nicht noch länger warten, wollen den Trend nicht verpassen, dabei sein, wenn die Kurse steigen – und kaufen. Leider oft zu spät.

Wenn die Kurse drehen, fühlen wir uns natürlich unwohl. Doch schnell wird der Rücksetzer umgedeutet, wir sehen eine Chance, unsere Position zu einem günstigeren Preis auszubauen. Eine Zeit lang funktioniert das, wir machen uns etwas vor, verharmlosen den Kursrutsch. Wir überdenken vielleicht noch unsere Strategie, wollen die Aktie verkaufen, sobald sie wieder auf den Einstandskurs geklettert ist. Doch irgendwann sind unsere Verluste zu groß geworden. Die Zweifel an unserem Investment wachsen. Im fortdauernden Absturz bilden uns immer wieder ein, dass es nun bald wieder aufwärts geht, der absolute Tiefststand erreicht ist. Doch es läuft anders. Irgendwann können wir die Verluste nicht mehr ertragen und verkaufen.

Die Wahrnehmung eines Absturzes entwickelt sich in Wellen, ebenso wie die mediale Beobachtung dieses Phänomens übrigens. Manfred Hübner, Experte für Börsenpsychologie und Mitgründer des Analysehauses Sentix, teilt es in drei Phasen ein. „In der ersten Phase fällt der Kurs, keiner weiß warum, aber es wird als vorübergehende Korrektur abgetan. Wir nennen das die Phase des Leugnens", sagte er mir. Für Börsenpsychologen ist das übrigens ein Alarmsignal. „Es folgt die Phase der Erkenntnis. Der Kurs fällt weiter, aber nach und nach gibt es immer mehr Erklärungen dafür", so Hübner weiter. „Schließlich bricht Panik aus. Die Medien berichten von Verkäufen, von verzweifelten Händlern oder Anlegern. Alle wollen nur noch raus – die Phase der Kapitulation."

Mit dieser Kapitulation sind wir aber nur so lange glücklich, bis die Kurse wieder anziehen. Natürlich glauben wir auch dieses Mal wieder nicht, dass die Erholung begonnen hat, dass sie vielleicht sogar nachhaltig ist. Irgendwann lassen wir uns mitreißen von der Euphorie an den Märkten – natürlich wieder viel zu spät. Wenn dann die ersten Fundamentalfaktoren die gestiegenen Preise untermauern und die Zukunftsaussichten auch günstig aussehen, werden wir zuversichtlich. Doch dann ist die Party schon fast gefeiert, der nächste Rücksetzer droht. Nicht umsonst lautet eine alte Börsenweisheit: Steigen die Kurse, kommen die Privatanleger. Fallen die Kurse, gehen die Privatanleger. Beide Extreme, sowohl die Angst vor Verlusten als auch die Hoffnung auf Gewinne, sind in jedem Anleger permanent präsent. Mal ist das eine Gefühl stärker, mal das andere. Hinter jeder Gier steckt ein bisschen Angst und hinter jeder Angst ein bisschen Hoffnung.

Die Grafik auf Seite 45 zeigt eindrucksvoll: Erste erzielte Gewinne lassen uns hochmütig und gierig werden, bis uns ein starker Kurseinbruch einen kräftigen Schrecken einjagt. Die Hoffnung, dass es sich bei der Bewegung nur um eine Korrektur handelt, lässt uns im Markt bleiben. Weitere Kursverluste machen uns erst ratlos und wenn dann die ersten negativen Fundamentaldaten nicht mehr zu leugnen sind, treten erste Ängste in den Vordergrund. Die Aussicht auf ein finanzielles Desaster kann letztlich die Panik auslösen, sodass wir in einer Tabula-rasa-Aktion die Brocken hinwerfen.

Übrig bleiben Reue und Abscheu vor dem Markt im Allgemeinen oder vor dem spezifischen Segment, in dem wir Geld verloren haben. Viele Besitzer von Telekom-Aktien können diese Achterbahnfahrt des Gefühlslebens bestens nachvollziehen. Die Bewegung der Märkte ist nicht nur ein finanzielles Ereignis, regelmäßig abzulesen auf dem Depotauszug. Sie ist auch und vor allem ein psychisches Ereignis. Es geht um unser Geld und deshalb lösen Marktschwankungen die intensivsten Gefühle aus, die ein Mensch überhaupt haben kann. Gute wie schlechte.

Verluste sind schwieriger zu verarbeiten als Gewinne

Die Börse: Das ist eine Geschichte von hartnäckigen Verlierern und wankelmütigen Gewinnern. Niemand ist immer auf der Gewinnerseite, aber viele verlieren oft Geld. Anleger verlieren ihr ursprüngliches Kursziel, wenn sie denn eines hatten, aus den Augen und verkaufen ihre Gewinner-Titel zu früh. An den Nieten im Depot hingegen halten sie fest. Dieses typische Verhaltensmuster wird als Dispositionseffekt bezeichnet und ist im unterschiedlichen Risikoverhalten in der Gewinn- beziehungsweise Verlustzone begründet. Einen Gewinn einzustreichen, egal wie klein er ist, tut gut und ist verlockender als die Aktie im Depot zu belassen. Denn schließlich laufen wir Gefahr, die bereits erzielten Gewinne und im Zweifelsfall noch mehr zu verlieren. Und das wäre deutlich schlimmer als ein zusätzlicher Gewinn – Verluste nehmen wir eben stärker wahr als Gewinne.

Woran das liegt? „Geld ist die ultimative Ressource. Wir kaufen uns damit nicht nur unsere Grundnahrungsmittel, sondern auch Sicherheit“, sagt Manfred Hübner. „Deshalb wiegt der Verlust hier besonders schwer.“ Verluste seien psychisch viel schwieriger zu verarbeiten als Gewinne. „Streng wissenschaftlich hängt das mit unserem Gehirn zusammen. Wir haben über Jahrhunderte gelernt, uns nicht mehr wegnehmen zu lassen, was wir haben“, weiß der Börsenpsychologie-Experte. „Wenn unsere Vorfahren vor 10.000 Jahren ihr Essen verloren haben, sind sie verhungert. Es war eine Überlebensstrategie, festzuhalten, was man besitzt.“ So extrem ist an der Börse hoffentlich niemand positioniert, dass es immer gleich ums (finanzielle) Überleben geht, aber die Muster, die in unserem Gehirn ablaufen, sind dieselben wie in der Steinzeit.

Hinzu kommt, dass unsere Sensitivität abnimmt, weitere Profite würden wir längst nicht mehr in dem Maße wahrnehmen, wie den bereits erzielten Gewinn. An einer Niete halten wir hingegen länger fest. Würden wir nämlich verkaufen, wäre der Verlust zementiert. Die Niederlage wäre unwiderruflich. Das empfinden wir aber als deutlich schmerzhafter als die Aussicht auf weitere Verluste. Behalten wir das Verlierer-Papier im Depot, bleibt uns die Chance, unseren Einstandspreis, den Referenzpunkt, doch noch einmal wiederzusehen.

Allerdings besteht auch die Gefahr, dass der Kurs weiter abrutscht. Hierbei spielt uns unsere Psyche einen weiteren Streich: Unser Sensitivität nimmt auch ab, wenn es abwärts geht. Neue Verluste sehen längst nicht mehr so unangenehm aus wie der erste Verlust in gleicher Höhe. Wenn Sie eine Aktie gerade erst gekauft haben und Sie rutscht 20 Euro ins Minus, ärgern Sie sich. Bei den nächsten 20 Euro, die Sie verlieren, ist der Missmut schon deutlich geringer. Ob Gewinn oder Verlust, den ersten Kursausschlag nehmen wir noch sehr deutlich wahr. Einen weiteren in gleicher Höhe bemerken wir schon kaum mehr. Auch deshalb sind wir schnell dabei, wenn es darum geht, Gewinne einzustreichen.

Das Phänomen, sich nach Gewinnen risikoscheu, nach Verlusten jedoch risikofreudig zu verhalten, ist weit verbreitet. Es wurde in unzähligen Studien nachgewiesen. Mindestens zwei Drittel der Menschen neigen offenbar dazu.[3] Für unseren langfristigen Anlageerfolg ist das natürlich fatal. Wie böse die Folgen für das Depot sein können, zeigen regelmäßig Untersuchungen der Transaktionen von Direktbank-Kunden. Die verkauften Aktien entwickelten sich in den Folgemonaten besser als die Aktien, die weiter in den Depots der Anleger schlummerten, weil eben regelmäßig die Gewinner aus dem Depot flogen.

Auch der Dispositionseffekt ist kein Phänomen, das nur Privatanleger betrifft. Zwar ist er bei ungeübten Anlegern stärker ausgeprägt, aber auch die institutionellen Investoren können sich von dieser Neigung nicht freimachen. Auch sie sind im Gewinnbereich ungeduldig und lassen einen Verlust gerne einmal zu lange laufen. Sie haben noch ein anderes Problem: ihren Vergleichsindex, im Börsendeutsch Benchmark genannt. Ist das beispielsweise der Dax und er steigt stärker, als es der Fonds auf deutsche Aktien tut, dann erzielt der Vermögensverwalter zwar real einen Gewinn, doch relativ einen Verlust. Gleiches gilt, wenn die Portfolios der Konkurrenz sich besser entwickeln. Auch dann fühlt sich der Gewinn unseres Fondsmanagers wie ein Verlust an. Er ist mental auf der Verliererseite.

3 Weber, Martin; Zuchel, Heiko: „How Do Prior Outcomes Affect Risky Choice? Further Evidence on the House-Money-Effect and Escalation of Commitment“, Working Paper, Universität Mannheim, 2001.

All das sind typisch menschliche Eigenschaften. Mentale Kontenführung, die Abhängigkeit von Referenzpunkten, die Angst vor Verlusten oder die abnehmende Sensitivität führen je nach Situation systematisch zu unterschiedlichen Entscheidungen. Eins haben sie aber gemeinsam: Ursprüngliche Ziele verlieren wir aus den Augen. Das gilt für zu früh realisierte Gewinne und zu lange laufen gelassene Verluste, aber auch für Anschaffungen, die eigentlich gar nicht notwendig sind. Denken Sie nur an die Designerhandtasche, die teure Uhr und den übermotorisierten Sportwagen. Beurteilen Sie Situationen künftig auch aus einem anderen Blickwinkel, sicher können Sie Ihre Entscheidungen so optimieren. Anleger verhalten sich eben nicht widerspruchsfrei, ebenso wenig wie Modefans, Autofahrer oder gar Vorstandsvorsitzende.

Viele Verhaltensweisen, die in uns stecken, stammen noch aus der Steinzeit. Unser Gehirn ist auf das reine Überleben programmiert. Aber eben nicht auf das Überleben im Hier und Jetzt, sondern auf das Überleben in der Steinzeit. Die Entscheidungen der Privatanleger und sogar Profis werden oft durch Mechanismen gesteuert, die in die Zeit der Höhlenmenschen zurückreichen: Aggression, Flucht, Angriff, Verteidigung, Fressen, gefressen werden. Daniel Kahneman von der Princeton University hat den Nobelpreis dafür bekommen, dass er herausgefunden hat, dass bei Finanzentscheidungen oftmals das Stammhirn – das sogenannte Reptilienhirn – aktiviert wird. Kein Wunder, dass die etwas in die Jahre gekommenen Verhaltensmuster mitunter etwas merkwürdige und vor allem suboptimale Ergebnisse liefern.

Als sich unser Gehirn entwickelte, konnte die Evolution natürlich nicht berücksichtigen, wie kompliziert die Welt einmal werden würde, und schon gar nicht, dass sich hochkomplexe Finanzmärkte entwickeln würden. Und so laufen wir noch immer mit einem Steinzeit-Gehirn durch die Gegend. Nur hat vieles, was vor Jahrhunderten sinnvoll gewesen sein mag, heute fatale Folgen: Der Jäger in der

Steinzeit erlitt keinen Nachteil, wenn er aufgrund eines verdächtigen Raschelns flüchtete, auch wenn sich die vermeintliche Gefahr im Nachhinein als harmloser Windstoß entpuppte. Bei Anlegern sieht das leider anders aus. Wenn wir nervös oder gar panisch werden und völlig übereilt unsere Aktien verkaufen, kann uns das viel Geld kosten. Uns leiten Verlustaversion und das Streben nach Harmonie. Heute führen menschliche Eigenschaften nur leider regelmäßig zu finanziellen Misserfolgen. Ganz ohne unser Bauchgefühl beziehungsweise unseren Autopiloten im Gehirn wären wir aber auch verloren. Wir wären mit der Informationsflut völlig überfordert. Es gilt also, eine gesunde Mischung zwischen rationalem Denken und Bauchgefühl zu finden.

> „Die Börse reagiert gerade mal zu zehn Prozent auf Fakten."
> ANDRÉ KOSTOLANY

Einer, der erkannt hat, wie emotional wir bei der Geldanlage agieren, war André Kostolany. „Die Börse reagiert gerade mal zu zehn Prozent auf Fakten", sagte der Börsenaltmeister einst. „Alles andere ist Psychologie." Kostolanys einfache Formel lautet also: Stolze 90 Prozent der Börse sind Emotionen. Wenn es um so etwas Wichtiges wie um unser Geld, unsere finanzielle Zukunft, geht, agieren wir also weitgehend unüberlegt, zumindest aber wenig logisch? Leider ja. Deshalb schwanken die Märkte auch immer wieder so extrem.

Geld plus Psychologie bestimmt die Tendenz der Kurse

Wären wir so wie der „Homo oeconomicus", dann gäbe es diese Turbulenzen nicht. Weil diese Phantasiefigur aber im wahren Leben nicht existiert, müssen wir auch die Aussagekraft vieler klassischer Marktmodelle – zumindest wenn es um kurzfristige Kursausschläge geht – anzweifeln, weil in ihren Berechnungen etwas fehlt. Die Wissenschaftler hatten den emotional denkenden und handelnden Menschen vergessen: eben uns. Wir treffen nun mal Bauchentscheidungen, auch wider besseres Wissen. Natürlich sind das ökonomisch gesehen nicht immer die besten Entscheidungen. Weil solche Verhaltensweisen aber systematisch auftreten, summieren sie sich oftmals noch auf. Das heißt: Die vermeintlich rationalen Akteure können das Handeln der irrationalen Marktteilnehmer nicht immer ausgleichen. An den Finanzmärkten entstehen dadurch Zyklen, Trends und Übertreibungen, die sich im Extremfall zu handfesten Investmentblasen auswachsen können.

Die Formel ist ganz einfach: Geld plus Psychologie oder auch Phantasie bestimmt die Tendenz der Kurse. Gerade kurzfristig sind die beiden Faktoren Geld und Phantasie sehr viel wichtiger als fundamentale, aus der Vergangenheit resultierende Tatsachen. Langfristig sind dann eher wieder die wirtschaftlichen Fakten für die Entwicklung der Märkte entscheidend. Kurzfristig aber sind es Emotionen und Phantasie. Allerdings ist Phantasie wesentlich schwieriger zu messen als trockene Bilanzzahlen oder nüchterne Wirtschaftsdaten. An den Börsenplätzen dieser Welt werden nicht in erster Linie Güter oder Aktien gehandelt, sondern die Zukunft. In den Kursen drückt sich aus, welche wirtschaftliche Entwicklung der Unternehmen und Länder wir erwarten. Dabei verursachen emotional handelnde Menschen leider auch die immer wieder auftretenden Börsenblasen mit programmiertem Crash, die die Weltwirtschaft regelmäßig erschüttern.

Auch wenn die Standardökonomie irrationales Verhalten nicht kategorisch ausschließt, sind die Gelehrten doch auch heute noch überzeugt, dass Verhaltensweisen, die gegen die Gesetze von Wahrscheinlichkeit und Logik verstoßen, sich auf dem Markt gegenseitig ausgleichen. Getreu dem Motto: Der Markt hat immer recht. Oder aber, dass der als irrational titulierte Akteur sein Tun nicht lange durchhält, Geld verliert und schließlich vom Markt verschwindet. Der US-Wirtschaftswissenschaftler Eugene F. Fama hat für seine Theorie der effizienten Märkte jüngst den Wirtschaftsnobelpreis bekommen. Er veröffentliche schon 1970 seinen Artikel „Efficient

Capital Markets". Auf einem effizienten Markt nach Fama sind alle gehandelten Güter genau so viel wert, wie dafür bezahlt wird – Über- oder Unterbewertungen werden schnell ausgeglichen. Die Lehre von den effizienten Märkten hat das ökonomische Denken über Jahrzehnte hinweg dominiert. Doch seine Erkenntnisse sind nicht unumstritten. In der Realität ist es längst keine ausgemachte Sache, dass die Märkte effizient sind, vor allem kurzfristig nicht: Preisverzerrungen und ihre irrationalen Verursacher haben oft einen längeren Atem, als den angeblich rationalen Händlern lieb ist. Mehr noch: Ein und dieselbe Person kann gleichzeitig auf einem Markt als rationaler Händler auftreten, auf einem anderen aber als irrationaler Anleger engagiert sein.

Mittlerweile zweifeln sogar Nobelpreisträger offen an dieser Theorie. So geschehen beim dritten Ökonomie-Nobelpreisträgertreffen in Lindau im Jahr 2008. Daniel Mc Fadden, Nobelpreisträger für Wirtschaftswissenschaften im Jahr 2000, warf sogar die Frage auf, ob das große Vertrauen, das die Forscher in das effiziente Funktionieren von Märkten gesetzt haben, richtig gewesen sei. Diese Theorie sei nicht mehr haltbar – die Ökonomen würden die Welt künftig mit anderen Augen sehen.

Gerade in den vergangenen Jahren sind gleich mehrere große Krisen über die Finanzwelt oder gar die Weltwirtschaft hereingebrochen, die laut den klassischen Prognosemodellen eigentlich nur alle paar Hundert Jahre eintreten dürften. Und in Zeiten, in denen die Notenbank die Märkte mit Geld überschwemmen, sind deren selbstheilende Kräfte – sollte es sie denn geben – sowieso gelähmt. Zumindest mit Blick auf die kurz- und mittelfristige Entwicklung der Märkte darf an der nobelpreisgekrönten Theorie also gezweifelt werden.

Wie unlogisch und phantasievoll die Kapitalmärkte oft sein können, lässt sich auch an einzelnen Unternehmensbewertungen ablesen. Normalerweise sollte an der Börse die Devise gelten: Kaufe billig, verkaufe teuer. Es gilt also herauszufinden, ob ein Unternehmen mehr wert ist als sein Börsenwert oder weniger. Doch irrationale Börsen führen zu irrealen Unternehmensbewertungen. Dies ist eine der Lehren aus den Finanzkrisen, das Phänomen war aber auch in früheren Krise schon zu beobachten. Effiziente Kapitalmärkte gibt es in Krisenzeiten ebenso wenig wie rationale Investoren oder eben den „Homo oeconomicus". Das musste inzwischen selbst die Deutsche Bundesbank zugeben. „Die Annahmen rationaler Investoren beziehungsweise effizienter Märkte sind äußerst anspruchsvoll und in der Realität nur näherungsweise zu erfüllen", so die Notenbanker. Die gängigen Finanzmarktmodelle stellen sie zwar nicht grundsätzlich infrage. „Jedoch hat nicht zuletzt die jüngste Finanzkrise gezeigt, dass diese Modelle oft nur einen begrenzten Erklärungsgehalt bieten können, da das Verhalten von Finanzmarktakteuren nicht oder nur unzureichend mit der klassischen Finanzmarkttheorie erklärt werden kann."[4]

Nur dass die Märkte ineffektiver sind als gedacht, heißt aber nicht, dass die Börse etwas Mystisches oder gar Bedrohliches ist. Aktienkurse oder Indexstände sind nichts anderes als das Ergebnis des Handels vieler Marktteilnehmer. Angebot und Nachfrage bestimmen den Preis. Diese Marktteilnehmer aber sind Menschen – auch wenn sie mittlerweile von Hochgeschwindigkeitscomputern unterstützt oder manchmal sogar ganz abgelöst werden. Diese Menschen bewerten die Zukunft der Wirtschaft ihres Landes und der Welt, bewerten Branchen, technische Entwicklungen und Aktiengesellschaften. Diese Beurteilung bildet die Basis für ihre Entscheidung, Aktien zu halten, zu kaufen oder zu verkaufen. Dazu gibt es eine Reihe von Hilfsmitteln, die ganz unterschiedliche Informationen liefern. Da wären Geschäftszahlen, Wirtschaftsprognosen, Aktiencharts, die Tipps von Analysten, Börsenbriefschreibern und sogenannten

4 Deutsche Bundesbank, Monatsbericht Januar 2011, S. 47.

Börsengurus – und nicht zuletzt das Bauchgefühl. Viele Informationen und Tipps sind nur Schätzwerte.

Nicht selten widersprechen sich Informationen, es gibt viele Unbekannte. Je tiefer die Recherche, desto verwirrender kann das Ergebnis sein, auf dessen Grundlage die Anlageentscheidung gefällt werden soll. Das verunsichert uns, sorgt für kognitive Dissonanz. Wir streben intuitiv nach Sicherheit und Harmonie. Da wundert es auch nicht, dass das Sparbuch sich noch immer solcher Beliebtheit erfreut. Und das, obwohl wir damit unter dem Strich Geld verlieren – Stichwort negativer Realzins. Trotzdem gilt diese Anlageform bei vielen als das Nonplusultra. Die Begründung ist einfach.

WIR DENKEN IN SCHUBLADEN UND SCHABLONEN

Sicherheit ist die Abwesenheit von Gefahr, darauf ist unser Gehirn programmiert. Was in der Steinzeit funktioniert hat, nämlich jede Gefahr zu meiden, um zu überleben, soll uns auch heute retten. Für den typischen deutschen Anleger bedeutet das, Aktien zu meiden. Denn die gelten als gefährlich. Anders das Sparbuch, das als Hort totaler Sicherheit gilt. Obwohl es gute und vor allem richtige Argumente gegen der Deutschen liebste Sparform gibt, verpuffen diese regelmäßig.

Wir denken leider oft in Schubladen und darin verstecken sich viele Vorurteile beziehungsweise fehlerhafte Schemata, beispielsweise „Das Sparbuch ist sicher, Aktien schwanken stark und sind gefährlich“ oder „Die Börse ist ein Spielkasino, die Bank gewinnt und ich kann nur verlieren“. Solche Vorurteile sind – auch in anderen Lebenslagen – oft relativ resistent gegenüber anderen Informationen.

Deshalb sind wir unseren Vorurteilen aber natürlich nicht völlig hilflos ausgeliefert. Es ist durchaus möglich, dass wir diese Schemata durchbrechen, dass wir uns viele Argumente anhören, warum Aktien eine gute Geldanlage sind, warum Schwankungen auszuhalten sind und warum Börse keine pure Zockerei ist. Wer sich mit seinen Vorurteilen auseinandersetzt, kommt oft zu der Erkenntnis, dass sie falsch sind – und kann sie vielleicht sogar umprogrammieren. Wobei das natürlich ein längerer Prozess ist, denn unser Gehirn hat die falschen Schemata abgespeichert und holt sie in einem Bruchteil einer Sekunde hervor, wenn die Situation passt.

Nicht selten passiert es, dass wir über unsere Überzeugungen, die wir natürlich nicht für Vorurteile halten, nachdenken, um sie zu bestätigen. Denn wenn wir sie infrage stellen und neue Argumente nicht in Einklang mit bereits gefällten Urteilen bringen können, entsteht kognitive Dissonanz. Ein mentales Störfeuer, das wir um jeden Preis verhindern wollen. Auch deshalb sind Vorurteile und negative Stereotypen nur schwer korrigierbar.

Ein weiterer Fallstrick ist das reiche Instrumentarium an einfachen Faustregeln, auf die das Gehirn zurückgreift, um Entscheidungswege abzuschneiden. Diese sogenannten Heuristiken nutzen wir sehr oft – und sie haben ihre Tücken. Heuristiken sind mentale Abkürzungen und Strategien, die auf den eigenen Erfahrungen aufbauen und die das Gehirn ständig nutzt. Das geht ganz automatisch und völlig unbewusst.

Ein Beispiel: Ein Anleger, der noch nie einen Crash erlebt hat – ihm fehlen folglich die entsprechenden Erfahrungen –, wird die Gefahr eines plötzlichen Kurssturzes vermutlich geringer einschätzen als ein krisenerprobter Investor. Letzterer wiederum wird die Häufigkeit eines Aktienabsturzes eher überschätzen. Leidgeprüfte Telekom-Aktionäre haben deshalb auch mehr Angst, mit Wertpapieren Geld zu verlieren, als Anleger, die eine solch nachhaltige Geldvernichtung noch nie erlebt haben. Experten nennen dieses Phänomen

Verfügbarkeitsheuristik. Diese lässt sich auch an den Finanzmärkten häufig beobachten.

Das erklärt auch, warum Anleger unter Tausenden von Aktien immer diejenigen auswählen, über die beispielsweise gerade verstärkt in den Medien berichtet wird oder die gerade einen extrem hohen Kursgewinn verbucht haben. Solche Titel erregen Aufmerksamkeit, es sind Informationen verfügbar.[5]

Und wir neigen dazu, uns an bestimmten Werten zu orientieren. Das können Allzeithochs oder runde Zahlen sein. Experten sprechen von Verankerungsheuristik. Wir werfen Anker, nur leider fällt es uns sehr schwer, sie hinterher wieder einzuholen. Deshalb haben diese Anker auch eine so große Bedeutung. An der Börse können das neben Indexständen vor allem die Kurse sein, zu denen wir eine Aktie gekauft haben.

Gewinne werden mental zu Verlusten

Ganz gleich übrigens, ob wir den Kursverlauf einer Aktie, die jüngsten Wirtschaftsdaten, den Studienabschluss der Tochter oder das neue Auto des Nachbarn beurteilen: Es zählt nicht das absolute Ergebnis, sondern das relative Resultat im Vergleich zu einem bestimmten Referenzpunkt. Wir haben also immer den ursprünglichen Kaufpreis oder das Kursziel im Kopf, wenn wir unsere Aktie betrachten. Das Auto des Nachbarn betrachten wir niemals objektiv, sondern wir vergleichen es beispielsweise mit unserem Auto. Welches ist schöner, schneller, teurer oder umweltfreundlicher? Alles ist verglichen mit einem Orientierungspunkt immer besser oder schlechter. Deshalb nimmt der Börsianer eine Aktie, deren aktueller Kurs unter dem Einstandspreis liegt, natürlich als Verlustbringer

5 Barber, Brad M.; Odean, Terrance: „All that Glitters: The Effect of Attention and News on the Buying Behavior of Individual and Institutional Investors", *Review of Financial Studies*, Vol. 21 (2), S. 785-818, 2008.

wahr. Tückisch ist es, wenn der Referenzpunkt ein jüngst markiertes Rekordhoch ist und die Aktie wieder leicht zurückgekommen ist. Dann können wir sogar einen Verlust fühlen, obwohl unser Depotauszug einen satten Kursgewinn ausweist.

Rekorde haben eine fast schon magische Anziehungskraft, am extremsten ist es bei runden Zahlen. Nicht umsonst sprechen Experten von psychologisch wichtigen Marken. Manchmal scheinen Börsianer vor solch einer Schwelle geradezu Angst zu haben. Denken Sie nur daran, wie schwer sich der Dax getan hat, die Marke von 10.000 Punkten erstmals zu überwinden. Ein Schritt vor, zwei Schritte zurück. Eine gähnend langweilige Seitwärtspendelei, doch die 10.000 wollte einfach nicht fallen. Kaum hatte sich der Index bis auf wenige Prozentpunkte herangerobbt, ging es wieder abwärts (siehe Chart).

Wochenlang scheiterte der deutsche Standardwerte-Index immer wieder an der psychologisch wichtigen Marke, denn viel mehr oder

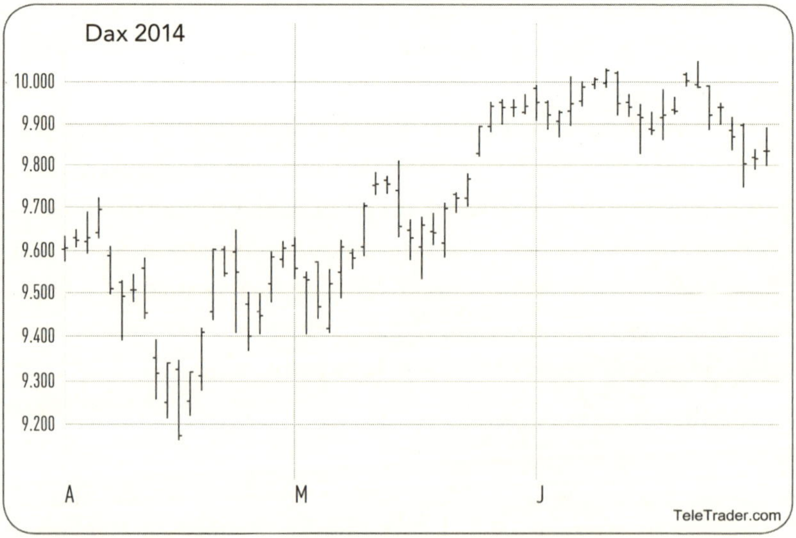

Angriff auf die psychologisch wichtige Marke von 10.000 Punkten

weniger ist dieser historische Höchststand nicht. Mit Blick auf die Bewertungen ist es natürlich völlig egal, ob der Dax bei 9.900, 10.000 oder 10.100 Punkten steht. Trotzdem fieberten Börsianer der Marke entgegen, die Anfang Juni 2014 erstmals fiel. Endlich fünfstellig! Das war doch mal was. Dax 10.000 – das ist vor allem für Privatanleger ein ziemlich starker Anker.

Auch das Aktienziel, das ein Analyst verkündet hat, kann ein solcher Anker sein. Denken Sie nur an die extrem optimistischen Prognosen zum Goldpreis, die vor einigen Jahren die Runde machten. Obwohl das gelbe Edelmetall die 2000-Dollar-Marke nie erreichte, sondern kurz vorher abdrehte und dann übel abstürzte, wird dieses Kursziel noch immer oft zitiert. Mitunter verzerrt ein falsch gesetzter oder überholter Anker unsere Wahrnehmung und in der Folge leiden auch unsere Entscheidungen.

Das ist leider bei Weitem nicht die einzige Falle, die uns unser Gehirn bei der Geldanlage stellt. Die heuristischen Prozesse laufen normalerweise völlig unbewusst ab und führen uns Menschen sicher und schnell durch den täglichen Entscheidungsdschungel. Wenn wir Durst haben, trinken wir etwas – ohne groß zu überlegen. Wir bleiben stehen, wenn wir die Straße überqueren wollen, aber plötzlich ein Auto kommt. Wir bremsen selber, wenn uns ein Kind vor das Auto zu laufen droht. Es sind blitzschnelle, automatische Urteile, die unser Gehirn für uns fällt. Und sie sind überraschend treffsicher, aber sie fallen eben nicht immer optimal aus. Denn unser Gehirn greift auf emotionale Erfahrungen zurück, die ein Urteil verfälschen können. Diese blitzschnelle Entscheidungsfindung mithilfe des emotionalen Erfahrungssystems nennen Experten Affektheuristik.

Das heuristische und schematische Denken entzieht sich zwar zumeist dem Bewusstsein – daher ist es unmöglich, jegliche Stolperfallen zu erkennen oder gar zu vermeiden. Trotzdem können wir unseren Autopiloten besänftigen und ein Stück weit disziplinieren. Wenn wir uns bewusst sind, wie unser Gehirn funktioniert und welche Abkürzungen es nimmt, können wir unser Urteile optimieren. Und das hilft uns auch an der Börse.

TRÜGERISCHE HARMONIESUCHT UND RISKANTER SELBSTBETRUG

Doch nicht immer fliegen wir mit dem Autopiloten durch das Leben. Nicht immer können wir uns auf unsere Schablonen, Faustregeln und mentalen Abkürzungen verlassen. Nämlich dann nicht, wenn unsere Einstellungen, Gedanken, Meinungen, Absichten, Motive und Wahrnehmungen nicht mehr miteinander vereinbar sind. Diese unangenehmen Gefühls- und Spannungszustände nennen Psychologen wie bereits erwähnt kognitive Dissonanz. Diesen Fachbegriff für unsere widersprüchlichen Empfindungen prägte übrigens der amerikanische Sozialpsychologe Leon Festinger im Jahr 1957.[6]

Tritt ein solcher unbeliebter Störzustand ein, suchen wir sofort nach Strategien und Techniken, um ihn zu beseitigen oder zumindest abzuschwächen. So fahnden wir nach Beweisen, die einmal getroffene Entscheidungen richtig erscheinen lassen. Gegenteilige Informationen relativieren wir oder ignorieren sie gleich ganz. Wir müssten uns anderenfalls schließlich eine Fehlentscheidung eingestehen, was die kognitive Dissonanz noch verstärken würde. Also wird interpretiert, umgedeutet, wegdiskutiert und verdrängt, was das Zeug hält – der perfekte Selbstbetrug.

Bei der Geldanlage führt das regelmäßig dazu, dass wir Kursbewegungen fehldeuten. Erinnern Sie sich an die emotionale Achter-

6 Festinger, Leon: *A Theory of Cognitive Dissonance*, Stanford University Press, Stanford 1957.

bahn (siehe Seite 45). Da wird ein herber Rückschlag einfach umgedeutet. Aus einem Verlust von 50 Prozent wird die Chance, durch Nachkäufe den Einstiegspreis deutlich zu reduzieren. Was wir bei Kursauschlägen in die eine oder andere Richtung also tatsächlich sehen, wird stark von unserer Wahrnehmung bestimmt. Und diese unsere Wahrnehmung hängt wiederum davon ab, was wir sehen wollen. Verluste sind immer schmerzhaft, wir wollen sie definitiv nicht sehen.

Ein Verlust ruft einen Widerspruch zu unserer Wertewelt – nur steigende Kurse sind gute Kurse – hervor, denn die Kognitionen, also unsere Kursprognose und die tatsächliche Kursentwicklung, stehen nun in einem dissonanten Verhältnis. Genauso wie wir Hunger oder Durst schnellstmöglich beseitigen wollen, genauso zügig wollen wir auch Unstimmigkeiten zwischen Wahrnehmung, Denken und Handeln ausräumen. Zur Not, indem wir die Tatsachen ignorieren. Deshalb blenden viele Aktionäre Abwärtsbewegungen erst einmal vollkommen aus. Sie schützen sich so vor schmerzhaften Realitäten. Leider lassen sie dann aber auch ihre Verluste viel zu lange laufen, sie werden größer und größer. Doch nur das Eingeständnis, dass die Kurse fallen, versetzt uns in die Lage, auch zu handeln.

Fehler machen nur die anderen

Die meisten Akteure an den internationalen Finanzmärkten werden für gewöhnlich nicht zum Kauf einer bestimmten Aktie oder eines bestimmten Fonds gezwungen. Sie entscheiden frei. Doch das ist ein überaus günstiger Nährboden, um kognitive Dissonanz wachsen zu lassen. Geht unsere Strategie nicht auf, suchen wir aber trotzdem die Fehler nicht zuerst bei uns, obwohl wir die Entscheidung für oder gegen ein Wertpapier ja selbst getroffen haben. Die Ursachen für eigene Misserfolge suchen wir lieber bei anderen. Es sind die äußeren Umstände – etwa eine politische Krise, die nicht abzusehen war, oder die Politik der Notenbanken, vielleicht die überraschende Gewinnwarnung eines zuvor vermeintlich gut dastehenden Unternehmen – , die unsere Investments belasten. Schuld haben auf jeden Fall die anderen, es war nicht unser Fehler. Für einen Erfolg übernehmen wir natürlich nur allzu gern die Verantwortung. Es sind unsere ausgefeilte Strategie, unsere sorgsame Aktienauswahl und unser perfektes Gespür für die Märkte, das unseren Depotwert steigen lässt. Wir wollen uns schließlich immer im günstigsten Licht sehen.

So verzerrt beurteilen wir übrigens nicht nur unsere eigenen Erfolge und Misserfolge. Einen Fondsmanager erklären wir beispielsweise schlicht für unfähig, wenn er mit einer gerade erst gekauften Aktie größere Verluste macht. Wir sind sogar so ungerecht, ihm jegliche Fähigkeiten abzusprechen, wenn ihm ein unvorhergesehenes Ereignis einen Strich durch die Rechnung macht. Aber wer hätte denn beispielsweise ahnen können, dass Japan am 11. März 2011 von einer Dreifach-Katastrophe getroffen wird: Erdbeben, Tsunami und die daraus resultierende Nuklearkatastrophe von Fukushima? Natürlich ruckelte es in der Folge kräftig an den Weltbörsen. Und wer hätte dann auch noch prognostizieren können, dass die damalige schwarz-gelbe Bundesregierung quasi über Nacht den Atomausstieg verkündet und damit die Geschäftsmodelle von Versorgern wie E.on oder RWE ad absurdum führt? In viele Aktiendepots riss das herbe Löcher, auch in das vieler Fondsmanager, die sich dafür viel Kritik anhören mussten. Doch hätte ein Anlageprofi kurz vorher aus unerfindlichen Gründen rechtzeitig ein großes Aktienpaket von E.on oder RWE verkauft, am besten mit Gewinn, hätte man ihm sicher einen guten Riecher attestiert. Dass er in solchen Fällen aber überhaupt keine Kontrolle über Erfolg und Misserfolg hat, zählt nicht. Wir beurteilen seine Fähigkeiten völlig irrational.

Dem Konzept der kognitiven Dissonanz begegnen wir übrigens nicht nur an den Finanzmärkten, sondern auch in der Kriminologie, in der Pädagogik und vor allem im Marketing – eigentlich sogar in allen Lebensbereichen. Immer dann, wenn wir uns für etwas entscheiden und aus mehreren Alternativen wählen müssen, entsteht ein Zwiespalt. Stellen Sie sich vor, Sie müssen sich für einen von zwei Urlaubsorten entscheiden. Wo ist es schöner, wo das Wetter besser? Sie entscheiden sich für den Luxus-Klub in der Türkei und buchen. Kurz darauf hören Sie von Freunden, der Klub der gleichen Kette in Marokko sei aber viel schöner oder dort sei das Essen besser. War Ihre Entscheidung vielleicht doch nicht richtig? Oder Sie suchen das Restaurant für das romantische Abendessen zu zweit aus. Der Tisch ist gebucht, doch dann erzählt eine Freundin vom neuen Nobel-Italiener mit Live-Musik, wahnsinnig romantisch natürlich. Gehen Sie vielleicht doch lieber dorthin? Sie fühlen sich nicht mehr ganz wohl mit ihrer Wahl, kognitive Dissonanz ist entstanden.

Diese Beispiele mögen trivial sein, die Folgen Ihrer Entscheidung sind relativ unbedeutend. Aber wie schaut es aus, wenn Sie zwischen zwei Altersvorsorgeprodukten wählen müssen? Es geht schließlich um Ihre finanzielle Sicherheit und Ihren Wohlstand im Ruhestand. Das perfekte Produkt, also mit auskömmlicher Rendite, hoher Sicherheit und minimalen Kosten, gibt es nicht. Sie wählen also zwangsläufig eine Variante, die auch negative Merkmale birgt, während die verworfene Alternative natürlich auch einige Pluspunkte für sich verbuchen kann, aber auch nicht perfekt ist. Dieser Umstand wird Ihnen nicht gefallen. Sie wünschen sich ein eindeutiges Urteil, denn nur wenn Wertvorstellungen, Wahrnehmung und Handeln widerspruchsfrei und im Einklang sind, werden Sie sich wohlfühlen. Dummerweise haben wir aber nicht immer die Wahl zwischen Gut oder Schlecht, Schwarz oder Weiß, Richtig oder Falsch. Und deshalb geraten wir regelmäßig ins Grübeln.

Haben Sie wirklich die bessere Alternative favorisiert? Am Ende siegt in der Regel die Harmoniesucht. Wir reden uns also unsere

Entscheidung schön oder ignorieren sie, oder wir handeln sogar entsprechend – auf jeden Fall tun wir alles dafür, dass wir uns wieder wohlfühlen.

GEFÄHRLICHER KONTROLLZWANG UND TEUFLISCHE SELBSTÜBERSCHÄTZUNG

Nur ist das leider nicht immer so einfach. Ab einer bestimmten Höhe lassen sich Kursverluste eigentlich nicht mehr schön reden und wenn das Altersvorsorgeprodukt mit seiner Rendite kaum mehr die Kosten hereinholt, dann hat das später einmal gravierende Folgen. Uns das einzugestehen kommt einem Kontrollverlust gleich. Und damit haben wir gleich das nächste Problem: Wir möchten nämlich die Kontrolle unbedingt behalten und Herr jeder nur erdenklichen Lage sein. Dieses Bedürfnis ist Forschern zufolge sogar biologisch verankert.

Entscheidend ist aber nicht die tatsächliche, sondern die wahrgenommene Kontrolle. Experten sprechen von kognizierter Kontrolle. Ein guter Autofahrer beispielsweise ist fest davon überzeugt, den Straßenverkehr jederzeit im Griff zu haben. Er fährt mit viel Übersicht, vielleicht schnell, aber niemals waghalsig. Er beherrscht sein Auto, weiß um die Beschleunigung ebenso wie um die Bremskraft. Gefährliche Situationen meisterte er bisher mit Bravour. Doch was, wenn ihm plötzlich ein Geisterfahrer entgegengeschossen kommen würde, er aber keinen Platz zum Ausweichen hätte? Es würde unausweichlich knallen, egal, wie gut er fährt, egal, wie er reagiert. Trotzdem fühlt er sich zu jeder Zeit sicher im Straßenverkehr. Es reicht eben, wenn wir glauben, die Kontrolle zu besitzen und gewünschte Ereignisse herführen zu können; und natürlich unliebsame abwehren zu können.

Es gibt ganz verschiedene Wege, die Kontrolle zu bekommen oder zu erhalten – durch Beeinflussung, Vorhersagen oder Schönfärberei. In diesem Buch werden Ihnen diverse Varianten begegnen. Wer den Eindruck hat, den Lauf der Dinge maßgeblich zu beeinflussen, erlebt die stärkste Form der Kontrolle. Doch an der Börse ist das in der Regel schwierig. Etwas einfacher ist es schon mit Prognosen. Aber natürlich nur dann, wenn bestimmte Ereignisse bis zu einem gewissen Grad vorhersagbar sind. Dann können wir unsere künftigen Handlungen auf dieses Ereignis abstimmen. Wir können entsprechende Vorkehrungen treffen, um das erwartete Ereignis erfolgreich zu meistern oder sogar davon zu profitieren.

Die Prognostizierbarkeit von Kapitalmarkt- und Konjunkturtrends wird allerdings regelmäßig überschätzt, wie wir immer wieder daran sehen können, dass die sogenannten Experten ihre Kursziele und Wachstumsprognosen oft überarbeiten müssen. Sehen können wir das auch daran, wie oft völlig Unvorhergesehenes passiert, was dann wiederum alle Prognosen über den Haufen schmeißt. Da werden nach überraschenden Gewinnwarnungen aus gerade erst ausgesprochenen Kauftipps blitzschnell Verkaufsempfehlungen. Wachstumsprognosen werden im Quartalstakt kassiert und neu herausgegeben. Experten reden dann davon, dass sie ihre Einschätzungen „anpassen“. Das hört sich natürlich auch viel besser an als das schlichte Eingeständnis, die bisherige Prognose sei falsch gewesen. Doch obwohl es mit den meisten Prognosen nicht allzu weit her ist, fallen viele Anleger auf Tipps und Empfehlungen selbst ernannter Gurus herein. Sie möchten ihren Gewinnversprechen nur zu gerne glauben und bilden sich ein, gute von schlechten Tipps unterscheiden zu können.

Und damit sind wir bei einem weiteren Problem, das oft verhindert, dass wir bessere Anleger werden. Wir leiden an völliger Selbstüberschätzung! Wir halten uns für überdurchschnittlich intelligent, zählen uns zu den besten Autofahrern oder sind überzeugt, dass wir extrem sportlich sind. Dass wir damit jeden mathematischen Mittelwert sprengen, ignorieren wir. Die Selbstüberschätzung – Wissenschaftler reden von „Overconfidence" – ist weiter verbreitet, als Sie glauben. Dummerweise gilt dieses Phänomen auch, wenn es um unsere Geldanlage geht. Wir sind nicht nur überzeugt, dass wir gute von schlechten Tippgebern unterscheiden können, sondern auch davon, dass unsere Einschätzungen und Prognosen die besseren sind.

Je kompetenter wir uns fühlen, desto größer ist das Risiko, die eigenen Fähigkeiten überzubewerten. Sogar professionelle Anleger sind davor nicht gefeit: Genau wie wir rechnen sich nämlich auch Fondsmanager bei einer guten Entwicklung ihres Portfolios selbst zu viele Lorbeeren an, während sie die Verantwortung für eine miese Performance gern weit von sich schieben. Doch wenn wir ganz ehrlich sind, sind Erfolg oder Misserfolg doch oft eher zufällig. Wir sind aber wahre Meister darin, uns im Nachhinein eine schlüssige Argumentation zurechtzulegen, warum wir selbst zum Erfolg beigetragen haben, aber am Misserfolg andere schuld waren. Mit Zufall hat das alles dann natürlich nichts zu tun. Wenn wir dem Zufall eine zu große Bedeutung beimessen würden, würden wir uns schließlich einen Kontrollverlust eingestehen – und den mögen wir gar nicht.

Für die Finanzmärkte ist die Selbstüberschätzung der Börsianer übrigens die Voraussetzung dafür, dass sie überhaupt funktionieren. Es kann nur da ein liquider Markt entstehen, wo unterschiedliche Erwartungen aufeinandertreffen und die Handelnden von ihren eigenen Vorhersagen überzeugt sind. Unsere Neigung zur Selbstüberschätzung erklärt übrigens auch, warum Portfoliomanager so häufig handeln und warum Pensionsfonds auf aktive Fondsmanager setzen – sie glauben, den Markt schlagen zu können. Dabei haben unzählige Studien gezeigt, dass das die wenigsten Profis schaffen und schon gar nicht dauerhaft. Auch Privatanleger scheinen von ihrem „guten Riecher" für die Finanzmärkte überzeugt. Anders lässt sich kaum erklären, dass Kunden von Discountbrokern Jahr für Jahr 70 Prozent ihres gesamten Depots umschichten – immer auf der Jagd nach der nächsten Superaktie. Mit langfristiger Geldanlage hat das nichts zu tun, eher mit Glücksspiel. Hier wird die Börse dann wirklich zum Kasino, und zwar mit schlechten Gewinnchancen. Denn Transaktionskosten und gegebenenfalls anfallende Steuern schmälern die Rendite beträchtlich. Experten haben herausgefunden, dass – Transaktionskosten einmal nicht berücksichtigt – exzessives Trading-Verhalten sogar zu niedrigeren Renditen führt, als wenn das Ursprungsinvestment beibehalten geworden wäre. Diejenigen, die am häufigsten handeln, sind also scheinbar auch diejenigen mit dem geringsten Profit.[7] Es mag natürlich Day-Trader geben, die erfolgreich sind. Diese Anleger halten ihre Investments selten länger als einen Tag, sondern kaufen und verkaufen ein und dieselbe Aktie im Extremfall mehrmals täglich. Das sind allerdings seltene Ausnahmen, die meisten Power-Anleger verlieren mehr Geld als sie verdienen. Auch sie machen die Börse zum Kasino. Sie leiden unter völliger Selbstüberschätzung, sind getrieben von Gier und haben nur den kurzfristigen Erfolg im Blick. Auch solche Marktteilnehmer muss es geben, denn sie sorgen für Umsätze, im Börsendeutsch „Liquidität".

Überreaktionen programmiert

Die Märkte werden von Emotionen, also von psychologischen Wirkungsweisen, Verhaltensmustern und Konditionierungen, ganz wesentlich beeinflusst. Da steigen die Kurse, obwohl es dafür scheinbar keine Gründe, also aktuelle und damit neue fundamentale Daten wie Quartalszahlen gibt. Schlechte Nachrichten werden oft überinterpretiert – das ist ein bisschen wie mit den Verlusten,

7 Barber, Brad M.; Odeon Terrance: „Trading is Hazardous to Your Wealth: The Common Stock Investment Performance of Individual Investors", *Journal of Finance*, Vol. 55 (2), S. 773 – 806, 2000.

die empfinden wir auch stärker – und die entsprechenden Aktien runtergeprügelt.

Und immer wieder ist ein regelrechter Herdentrieb zu beobachten. Einzelne Aktien oder gar ganze Märkte steigen unaufhörlich und scheinbar völlig losgelöst von der Realität. Jeder will dabei sein, alle steigen ein, wie im Rausch. Miese Neuigkeiten verpuffen, die Party wird durch nichts gestört. Eine Erklärung für dieses Phänomen liefert Gustave le Bon. Der französische Arzt und Ethnologe veröffentlichte 1875 das Standardwerk „Psychologie der Massen".[8] Darin beschreibt er, dass der Einzelne, unabhängig von seinem gesellschaftlichen Status, seiner Bildung und seinen kognitiven Fähigkeiten, in der Masse seine Kritikfähigkeit verliert und stark emotionalisiert wird.

Das Werk le Bons ist nicht unumstritten. Er selbst schätzte „die Masse" insgesamt sehr kritisch ein und war nicht unbedingt ein Befürworter der Demokratie, und das spürt der Leser sehr deutlich. Viele seiner Folgerungen haben sich aber allzu oft bewahrheitet – unter anderem im nationalsozialistischen Deutschland. Für Börsianer ist sein Werk, auf das ich später noch näher eingehen werde, auf jeden Fall eine Warnung davor, blind mit der Herde mitzulaufen oder auf einen Guru zu setzen.

Auch wenn uns das im Grunde klar ist, lassen wir uns nur zu gerne von der euphorischen Stimmung an den Märkten anstecken. Einer, der weiß, wie gefährlich der Herdentrieb an der Börse sein kann, ist George Charles Seldon. Der Börsenexperte und Bestsellerautor schrieb bereits vor gut 100 Jahren in seinem Klassiker „Psychologie der Börsen": „Der größte Fehler von 99 Prozent der aktiven Anleger und Händler ist, dass sie bei hohen Kursen optimistisch und bei niedrigen Kursen pessimistisch sind." Sein Fazit lautet: Bei allgemeinem Optimismus verkaufen, bei Pessimismus kaufen! Daher gilt

8 le Bon, Gustave: *Psychologie der Massen*, Erstveröffentlichung 1875.

es, die Indikatoren für Optimismus und Pessimismus zu kennen und zu beobachten. Der legendäre Investor Warren Buffett sieht es übrigens genauso. Er empfiehlt, gierig zu sein, wenn andere ängstlich sind, und ängstlich zu sein, wenn andere gierig sind. Dahinter steht der Leitgedanke des antizyklischen Investierens. Übersetzt: Kaufe billig, verkaufe teuer.

Es gibt einige Börsenweisheiten, die dieses Phänomen umschreiben. Eine lautet: Die Gewinne werden überwiegend dort gemacht, wo die Masse und die Massenmeinung nicht unterwegs sind. Um diese Weisheit in bares Geld zu verwandeln, müssen wir aber erst einmal herausfinden, welche Meinung die Masse überhaupt hat.

Stimmungsindikatoren sollen dabei helfen. Experten reden von Sentiment-Indikatoren, die aufgrund regelmäßiger Befragungen das Befinden und die Erwartungen der Anleger messen. Die Treffsicherheit ist enorm. Vor allem in einigen Phasen der 1980er- und 1990er-Jahre konnten Anleger erstaunliche Erfolge erzielen, wenn sie sich diese Stimmungsbilder genau anschauten. Doch mit diesen Erfolgen wuchs auch die Popularität der Sentiment-Indikatoren. Je stärker die Methode in den Fokus der Anleger rückte, desto geringer wurde ihre Wirkung. Das liegt in der Natur der Sache, weil sich quasi eine „neue Herde“ bildete.

Trotzdem sind diese Indikatoren – in Deutschland gibt es den Sentix-Marktradar. das Handelsblatt Sentiment und den Börse Frankfurt Sentiment-Index von Cognitrend – interessante Mosaiksteine. Vor allem in turbulenten Börsenphasen lassen sich die Gefühlschwankungen der Anleger ziemlich genau messen und geben eine gute Indikation dafür, wie es in den kommenden Wochen und Monaten weitergeht.

Wichtig ist, dass zumindest die kurzfristigen Sentiment-Indikatoren konträr interpretiert werden. Sind die Anleger zu gut gestimmt oder sogar euphorisch, dann ist das ein Warnsignal und muss als Verkaufssignal gedeutet werden. Ist die Stimmung allerdings schlecht, dann können Sie getrost kaufen.

Sentiment-Indikatoren geben uns vor allem in wankelmütigen Märkten einen Richtwert. Sie spiegeln die aktuellen Meinungen an der Börse wider, die natürlich die Kurse bestimmen. Sie informieren über intakte Trends ebenso wie über Phasen der Überhitzung oder untere Wendepunkte. Je extremer diese Erwartungen auf steigende oder fallende Kurse ausfallen, desto wahrscheinlicher steht der Markt an einem Wendepunkt. Schon Börsenaltmeister André Kostolany sagte einst: „Der Tag, an dem der sonst hartnäckige Optimist zum Pessimisten wird, ist höchstwahrscheinlich der Wendepunkt in der Kurstendenz. Und natürlich auch umgekehrt. Wenn der eingefleischte Pessimist zum Optimisten wird, muss man so schnell wie möglich aus der Börse aussteigen." Es sind die beiden Extreme an der Börse, die die Sentiment-Indikatoren messen und die uns immer wieder gefährlich werden: Gier und Panik.

Doch es gibt viele andere Emotionen, die uns antreiben und unsere Entscheidungen bei der Geldanlage beeinflussen. Und es gibt viele verschiedene Anlegertypen, einige davon werden Ihnen in den nächsten Kapiteln begegnen – viele werden Sie kennen, sich in manchen sogar wiederfinden.

ANLEGER ZWISCHEN GIER UND PANIK

Ein jeder von uns schwankt zwischen den Extremen. Wir empfinden mal Angst oder Panik, mal Gier oder Größenwahn. Wir sind hochmütig, verdrängen Tatsachen, machen uns etwas vor oder verlieben uns in eine Aktie. Oder alles gleichzeitig. Wie immer im Leben gilt: Selbsterkenntnis ist der erste Schritt zu Besserung; in unserem Fall führt sie hoffentlich dazu, ein besserer Anleger zu werden.

Sind Sie ein Spekulant? Ein Zocker? Gierig? Wahrscheinlich werden Sie diese Fragen mit einem überzeugten, vielleicht sogar entrüsteten Nein beantworten. Falsch! Natürlich spekulieren Sie. Und zwar rund um die Uhr. Wir zocken und wetten bei jeder sich bietenden Gelegenheit, und das nicht nur an der Börse.

Wie oft pokern wir beim Blick auf die Tankanzeige darauf, dass der Sprit in ein paar Stunden oder am nächsten Tag wieder billiger ist? Mitunter warten wir mit der Urlaubsbuchung in der Hoffnung darauf, dass wir doch noch ein günstigeres Last-Minute-Angebot erwischen können. Ähnlich ist es mit teuren Schuhen, die wir kurz vor dem Schlussverkauf entdecken. Wir hoffen, dass sie auch in ein paar Tagen noch im Geschäft stehen und wir sie dann deutlich günstiger ergattern können. Manchmal geht die Wette auf, manchmal verzocken wir uns auch.

Spekulieren auf ein langes Leben

Auch bei langfristigen Entscheidungen spekulieren wir. Denken Sie nur an den Immobilienboom. Ich kenne viele Leute, die sich – obwohl die Preise in den vergangenen Jahren massiv angezogen haben – noch eine Immobilie zulegen wollen. Sie spekulieren darauf, dass die Mieten und Preise weiter steigen. Im Grunde ist sogar jede Versicherung eine Wette. Wir wollen uns vor etwaigen Schäden schützen. Wenn die aber gar nicht eintreffen, haben wir die Prämien umsonst gezahlt – verspekuliert. Viele Altersvorsorgeprodukte lohnen sich nur, wenn wir sehr alt werden, trotzdem schließen wir die Policen fleißig ab. Eine Wette auf ein langes Leben, die hoffentlich aufgeht.

Unser Alltag ist voll von Situationen, in denen wir auf Preisentwicklungen – ob nun von Benzin, einer Wohnung oder dem Urlaub – spekulieren. Wir schätzen, wie sich ein Preis entwickelt. Heute oder morgen? Billig oder teuer? Sicherheit oder Risiko? Viele Entscheidungen treffen wir, obwohl wir unsicher sind. Manchmal scheuen wir uns auch vor den Entscheidungen und tun lieber gar nichts. Oder wir treffen sie unter völlig falschen Voraussetzungen.

Sind sie schon mal panisch geworden, wenn es an der Börse geknallt hat? Hatten Sie Angst um Ihr Depot, als der Dax im Sommer 2011 binnen weniger Tage um 25 Prozent einbrach? Wenn ja, ist das nur menschlich. Wenn nicht, machen Sie sich wahrscheinlich etwas vor. Solche Börsencrashs belasten uns, auch wenn wir das nicht zugeben wollen oder es verdrängen. Wir schlafen schlecht, essen zu wenig, trinken zu viel oder sind gereizt. Manchmal überfordert das wilde Treiben an den Märkten selbst professionelle Anleger wie Vermögensverwalter oder Fondsmanager.

Wir sind eben keine Computer. Es ist ernüchternd, aber unser bewusster Verstand kann nur maximal sieben Informationen gleichzeitig verarbeiten. Das haben Wissenschaftler herausgefunden. In Computereinheiten umgerechnet entspricht das einer Prozessorgeschwindigkeit von gerade mal mickrigen 40 bis 60 Bit pro Sekunde. Nur zum Vergleich: Dieses Buch ist auf einem Notebook entstanden, dass immerhin auf 3.600.000.000 Bit (3,6 GBit/s) pro Sekunde kommt. Aber kriegen Sie keinen Schreck: Nicht die Geschwindigkeit, sondern die Präzision ist die Stärke unseres Verstands. Leider läuft er aber schnell heiß.

Ganz im Gegensatz zu unserer Intuition. Sie kann unglaubliche Mengen an Eindrücken aufnehmen und verarbeiten. Forscher haben errechnet, dass es bis zu zehn Millionen Bit pro Sekunde sind. Unser Unterbewusstsein fällt Urteile blitzschnell durch das bloße Wiedererkennen von Mustern. Erstaunlich oft ist es die richtige Entscheidung. Doch allzu oft sind zu starke Emotionen im Spiel und das kann zu Fehlentscheidungen führen.

An der Börse heißt das leider, dass wir Geld verlieren. In den folgenden Kapiteln lernen Sie zehn Anlegertypen kennen, die all diese Emotionen in Reinkultur zeigen. Manche gibt es wirklich, wie den zockenden Uli Hoeneß oder den größenwahnsinnigen Bernard Madoff, andere kennen Sie aus Filmen, etwa den gierigen Gordon Gekko, andere sind erfunden, etwa der verliebte Anleger. Von ihnen allen steckt aber ein Stück in uns, mal ist das Stück größer, mal kleiner. Klar ist aber: Jede dieser Charaktereigenschaften und Emotionen lässt uns an der Börse in Psychofallen tappen. Und die gilt es zu erkennen, bevor es zu spät ist.

Der Gierige

Der Spieler

Der Größenwahnsinnige

Der Mitgerissene

Der Hektische

Der Verdränger

Der Verliebte

Der Leichtgläubige

Der Ängstliche

Der Panische

DER GIERIGE

„Die Gier ist gut. Die Gier ist richtig. Die Gier funktioniert“, sagte schon Gordon Gekko Ende der 1980er-Jahre. „Sie hat Amerika groß gemacht und wird unsere Rettung sein.“ Der Börsenhai aus dem Filmklassiker *Wall Street* setzte sogar noch einen drauf: „Die Gier klärt die Dinge, durchdringt sie. Gier hat das Beste im Menschen hervorgebracht.“

> „Die Gier ist gut.
> Die Gier ist richtig.
> Die Gier funktioniert.“
> GORDON GEKKO

Zur Begründung bemühte der Filmheld, gespielt von Michael Douglas, die Biologie und verkündete vollmundig, Gier sei der Kerngedanke der Evolution. Mit seiner emotionsgeladenen Rede auf einer Hauptversammlung formulierte Gekko das Credo der folgenden beiden Jahrzehnte, in denen selbst Kleinanleger zockten wie die ganz Großen der Wall Street und die Jagd nach heißen Börsentipps zum Massenphänomen wurde.

Die meisten Experten allerdings sind sich einig: Gier ist in den seltensten Fällen ein guter Ratgeber. „Gier frisst Hirn“ ist ein häufig zitierter Satz unter Börsianern. Weil sie dem drängenden Wunsch nach hohen Renditen erliegen, fallen immer wieder viele Anleger auf Betrüger oder falsche Versprechungen herein. Wenn der große Gewinn lockt, dann ist es eben vorbei mit den halbwegs rationalen Entscheidungen. Die Gier ist eine der stärksten Emotionen, die Anleger antreiben können. Da wundert es nicht, dass der Verstand von Investoren regelmäßig aussetzt.

Gier ist ein extrem negativ besetzter Begriff. Wenn wir einen Menschen als gierig bezeichnen, meinen wir das in den seltensten Fällen positiv. Wer gierig ist, der ist egoistisch, auf seinen Vorteil bedacht und hat diesen – oft ohne Rücksicht auf Verluste – fest im Auge. Gier ist das starke Verlangen, ein Ziel zu erreichen oder etwas zu bekommen, meistens ist das Geld oder sogar großer Reichtum. Gier ist ein extrem starker Antrieb, unsere Kräfte auf ein einziges Ziel zu konzentrieren.

Niemand kann sich davon freisprechen. Die Gier ist tief in uns verankert. Unser Gehirn ist auf Überleben programmiert, deshalb versuchen wir nicht nur, unsere aktuellen Bedürfnisse zu befriedigen, sondern nach Möglichkeit auch zu akkumulieren. Wir wollen das Beste für uns, am liebsten viel davon, und sorgen vor für schlechte Zeiten. Und das kann zu Maßlosigkeit führen.

So ist es auch in dem Film *Wall Street*: Der Finanzhai Gekko ist das Idol des jungen Brokers Bud Fox. Er will ihn unbedingt kennenlernen, genauso erfolgreich und vor allem reich sein. „Es ist heute nichts Ehrenvolles mehr, arm zu sein", sagt er. Um Gekko nachzueifern, verkauft er seine Ideale, verliert zumindest zwischenzeitlich sein Bewusstsein für Recht und Unrecht. Das geht sogar so weit, dass er seinen Vater verrät, nur um dem großen Gekko zu gefallen. Die pure Gier treibt ihn an. Und Gekko nutzt das – aus denselben Motiven – schamlos aus.

Männer erliegen solchen Charakterschwächen eher als Frauen. Das hatte auch Auswirkungen in der Finanzkrise. Es konnte auch gar nicht anders sein: Fast alle Krisenakteure waren männlich, denn die Finanzwelt ist eben eine Männerbranche. Aber es liegt auch an speziellen männlichen Eigenschaften: Männer sind schneller aggressiv, egoistisch, leichtsinnig, selbstverliebt und vor allem gierig. Ihre Verantwortung für den Beinahe-Zusammenbruch des weltweiten Finanzsystems wurde sogar wissenschaftlich nachgewiesen. Schuld sei das Testosteron, das die Kerle bekanntlich steuere.

Das sind zumindest die Erkenntnisse der schwedischen Wirtschaftswissenschaftlerin Anna Dreber, die mit Kollegen eine interdisziplinäre Studie über das Verhalten von Börsenhändlern durchgeführt hat. In einem Labor-Experiment setzten rund 100 Probanden – allesamt Männer – echtes Geld für unterschiedlich riskante Anlageentscheidungen ein. Und wie im echten Börsenleben konnten die Teilnehmer je nach Risiko ihrer Anlagen viel gewinnen oder verlieren. Während sie mit ihrem Einsatz jonglierten, wurde ihr Testosteronspiegel gemessen. Das Ergebnis: Je mehr ein Investor vor Testosteron strotzte, desto risikoaffiner war er. Außerdem konnte das Team um Anna Dreber einen selbstverstärkenden Effekt nachweisen: Wenn ein Spieler Gewinne machte, stieg sein Testosteronspiegel, was wiederum seine Risikobereitschaft wachsen ließ.

Dass der Testosteronspiegel auf dem Börsenparkett besonders hoch ist, überrascht mich allerdings wenig. Um zu dieser Erkenntnis zu kommen, hätte es keines Experiments bedurft. Spannend ist aber der Bezug zur Finanzkrise, den Dreber herstellte. Männer beherrschen nun einmal noch immer die Finanzwelt. Ohne ihre Risikobereitschaft hätte es wahrscheinlich weniger riskante Produkte, weniger heiße Wetten und vielleicht am Ende auch keine Krise gegeben.

Im Umkehrschluss heißt das natürlich: Wären mehr Frauen an der Börse unterwegs, wäre die Testosteronkonzentration deutlich niedriger. Folglich würden weniger hohe Risiken eingegangen und auch die Gier wäre nicht ganz so groß. Wenig überraschend war übrigens die Reaktion in den einschlägigen Finanz-Blogs auf die Studie von Anna Dreber. Nur Frauen könnten auf eine solch einfache, ja sogar dümmliche Erklärung der Finanzkrise kommen. Die Männer wollten nicht lesen, dass sie die Schuld an der Krise trifft. Das ist natürlich nur verständlich.

Unabhängig davon, ob man den Erkenntnissen von Dreber nun mehr oder weniger abgewinnen kann, fest steht: Testosteron beeinflusst das menschliche Verhalten. Das Hormon macht gierig, egoistisch und übermütig. Risiken sind plötzlich keine mehr. Natürlich können auch Frauen extrem gierig sein, grundsätzlich agieren sie aber vorsichtiger als Männer, wie diverse Studien gezeigt haben. Viele Anleger, ob nun männlich oder weiblich, gehen natürlich auch ganz bewusst hohe Risiken ein.

Gewinn ist nicht gleich Gewinn

Wer waghalsig spekuliert wie Gordon Gekko im Film, dem geht es nicht unbedingt um den höchstmöglichen Gewinn. Natürlich strebt auch er nach mehr Geld, nach hohen Renditen. Aber noch stärker ist der Trieb, andere zu besiegen. Besser zu sein als der Markt oder der direkte Gegner ist für viele Spekulanten der ultimative Kick. Menschen wie Gekko wollen siegen, die absolute Macht fühlen. Danach gieren sie.

Gekko liegt seit Jahren im Wettstreit mit Sir Lawrence Wildman, kurz Sir Larry. Die beiden haben noch eine Rechnung offen. Es geht einzig darum, dem anderen voraus zu sein, ihm einen großen Deal wegzuschnappen. Das schafft eine viel größere Befriedigung als der bloße Gewinn an der Börse.

So extrem gierig und eiskalt wie die Filmfigur sind natürlich die wenigsten. Aber ein bisschen Gekko steckt in uns allen. Wie emotional unser Gehirn gesteuert ist, zeigt ein einfaches Experiment von Neuroökonomen an der Uni Bonn.[1] Christian Elger und Armin Falk legten Versuchspersonen in einen Hirn-Scanner und stellten ihnen Denkaufgaben. Tippten sie richtig, gab es für die Probanden zwischen 30 und 120 Euro Belohnung. Außerdem informierten die Forscher sie auch, wie die anderen Teilnehmer geantwortet hatten und wie hoch ihre Belohnung war. Der Hirn-Scanner offenbarte: Am euphorischsten reagierten die Probanden stets dann, wenn sie richtig getippt hatten und die Konkurrenz falsch lag. Die Höhe der Prämie

1 Elger, Christina; Falk, Armin; u.a.: „Social Comparison Affects Reward-Related Brain Activity in the Human Ventral Striatum", *Science*, Novebmer 2007.

spielte für das persönliche Glück nur eine untergeordnete Rolle. Es war ihnen wichtiger, Sieger im Wettbewerb mit anderen zu sein.

Das Experiment beweist einmal mehr, dass wir kein „Homo oeconomicus" sind. Dem „Homo oeconomicus" sind solche Vergleiche fremd. Er würde jede Belohnung genau wie jede Lotterie, jede Geldanlage, jede Handlungsoption immer völlig rational aus der Sicht seines Vermögensstands bewerten. Wir hingegen handeln getrieben von Gier, Missgunst oder Angst. Zumal der sogenannte Grenzwert des Besitzes relativ schnell abnimmt. Wenn wir ein monetäres Ziel – vielleicht unsere erste Million – erreicht haben, lässt die Freude darüber auch schnell wieder nach. Und wir wollen mehr.

Wir sind wie Glücksritter, immer auf dem Weg zum nächsten Ziel, auf der Suche nach dem nächsten Kick. Ein Phänomen, das vor allem, aber nicht nur an der Börse zu beobachten ist. So sehr Spekulanten wie Gekko – aber auch Privatanleger wie Sie und ich – auch nach Rendite streben, so viel sie auch gewinnen, sie kommen auf lange Sicht nicht vom Fleck, was das eigene Glücksempfinden betrifft. Sie fühlen sich wie im Hamsterrad. Psychologen sprechen von der hedonistischen Tretmühle: Um kurzfristig das eigene Glücksgefühl zu steigern, eilt der Mensch immer größeren Kursgewinnen (und damit verbunden immer höheren Risiken) hinterher. Abseits der Börse sind es immer größere Wohnungen, immer wertvollere Uhren. Doch der langfristige Glückszuwachs bleibt aus. Wenn wir uns einen tollen Mittelklassewagen gönnen, erfreuen wir uns für ein paar Tage oder Wochen an ihm. Aber nach einiger Zeit wird er zur Selbstverständlichkeit. Und natürlich ist ein Wechsel zu einem kleinen Auto nur noch unter Schmerzen möglich. Wir gieren schon bald nach dem nächst größeren oder neueren Modell.

Wir reagieren nur kurzfristig auf Veränderungen, schnell werden sie zur Gewohnheit. Schon bald verliert die neue Uhr ihren Reiz und wir halten nach etwas Größerem und Schönerem Ausschau. Das war schon in unserer Kindheit so: An die Taschengelderhöhung hatten wir uns schnell gewöhnt und quengelten gleich nach der nächsten. Heute ist es die Gehaltserhöhung, die nur temporär glücklich macht. Oder eben der Börsengewinn. Schnell setzt der Gewöhnungseffekt ein, wir wollen noch mehr Geld. Wir sind ewig auf der Suche – nur um nach kürzester Zeit schon wieder so glücklich oder unglücklich wie zuvor zu sein. Der Gewöhnungseffekt ist der natürliche Feind des Glücks.

Gewinne werden als Verluste wahrgenommen

Problematisch ist es auch, wenn andere besser sind als wir, mehr besitzen, mehr Erfolg haben. Wenn wir uns mit anderen messen, kann das schnell zu einem diffusen, aber wichtigen Motiv unseres Handelns werden. Ob wir wollen oder nicht, Prestigedenken spielt in unserer Gesellschaft eine wichtige Rolle. Nur die wenigsten von uns können sich davon freisprechen, wenn wir ganz ehrlich sind. An den Kapitalmärkten ist das ein Problem: Die Kombination aus Gier und Rivalität gegenüber anderen erschwert unseren tatsächlichen Erfolg.

An der Börse ist ein Gewinn nämlich nicht gleich ein Gewinn – er wird oft nur dann als solcher wahrgenommen, wenn er auch größer ist als der Profit von Freunden oder Kollegen. Der Gewinn eines Freundes kann sich manchmal sogar wie ein eigener Verlust anfühlen. Auch eigene Erwartungen, eigene Ziele sind wichtige Referenzpunkte, die über Gewinn- und Verlustgefühl entscheiden. Die unterschiedliche Wahrnehmung von Freud und Leid prägt das menschliche Entscheidungsverhalten. Das gilt auch an der Börse und verführt uns zu Fehlentscheidungen.

Die Formel „Mehr Rendite nur durch mehr Risiko" ist uns natürlich bekannt, trotzdem suchen wir nach Schnäppchen an der Börse, nach den kommenden Superstars. Schließlich gelingen anderen Anlegern diese Volltreffer doch auch. Dass sie vielleicht nur Glück hatten oder wie Gekko im Film krumme Geschäfte machen, ignorieren wir. Viel zu oft fallen wir an der Börse der Selbstüberschätzung –

Experten sprechen von „Overconfidence" – zum Opfer. Sie lässt eben nicht nur Profis, sondern auch informierte Privatanleger glauben, sie könnten dem Markt ein Schnippchen schlagen.

Fakt ist jedoch: Niemand weiß, wie sich die Märkte entwickeln werden. Es gibt viel zu viele unberechenbare Risiken, viel zu viel Unwissenheit. Martin Weber, Professor für Bankbetriebswirtschaft an der Uni Mannheim, hat es einmal so zusammengefasst: Die Kurse beinhalten zu jedem Zeitpunkt alle bekannten Informationen, also auch Gier und Ängste, Hoffnungen und Erwartungen. Kommt eine neue Information hinzu, wird sie sofort im Kurs verdaut. Zwar entwickeln sich Aktien sehr langfristig im Einklang mit fundamentalen Kriterien, etwa Verschuldung oder Gewinn. Doch auch diese Parameter sind nicht vorhersehbar.

Kein Wunder, dass es auch institutionellen Anlegern nicht gelingt, schlauer zu sein als der Markt. Die Ökonomen und Nobelpreisträger Eugene Fama und Kenneth French haben das im Jahr 2010 nachgewiesen: Nach ihren Berechnungen haben Aktienfondsmanager über einen Zeitraum von 22 Jahren nach Kosten im Schnitt 1,1 Prozent weniger erzielt als der Gesamtmarkt. Natürlich gibt es immer wieder Profis, die den Markt jahrelang schlagen. Aber auch solch eine Erfolgsreihe kann irgendwann enden. Zumal diese Ranglisten oft die Jahresperformance zeigen, für Langfristanleger aber eigentlich nur zählt, wie die Vermögensverwalter über fünf, zehn oder 20 Jahre abschneiden. Trotzdem müssen sich die Fondsmanager Jahr für Jahr messen lassen: Waren sie besser als der Markt? Besser als die Konkurrenz? Gekauft werden eben die Produkte, die in den Bestenlisten ganz vorne stehen. Auch dieser Druck lässt Fondsmanager gierig werden. Damit wächst die Gefahr, sich zu verzocken.

> „Der schlimmste Feind des Anlegers ist wahrscheinlich er selbst."
> BENJAMIN GRAHAM

Benjamin Graham, der Begründer der Aktienanalyse, sagte einst: „Der schlimmste Feind des Anlegers ist wahrscheinlich er selbst."

Das galt Mitte des vergangenen Jahrhunderts ebenso wie heute. Schon so manchen Anleger hat die Gier um seinen Erfolg gebracht. An den Börsen ist das Paradoxon zu beobachten, dass hohe Preise, also gestiegene Kurse, bejubelt und gefallene Preise bejammert werden. Steigende Kurse locken Anleger an, nur kaufen sie dann ziemlich teuer. In der Realwirtschaft ist das umgekehrt. Oder würden Sie bei dem Marktstand kaufen, der die teuersten Kartoffeln anpreist? Ein Stück mehr Antizyklik beim Investieren wäre wünschenswert. Schließlich rät auch Superinvestor Warren Buffett gierig zu sein, wenn alle anderen ängstlich sind, aber auch vorsichtig zu sein, wenn alle anderen gierig sind.

Der ehemalige US-Arbeitsminister Robert Reich stichelte einmal: „Gäbe es an der Wall Street keine Gier mehr, dann bliebe nur Beton." Viele der Menschen dort definieren sich einzig über den finanziellen Erfolg. Sie arbeiten, um so viel Geld wie möglich zu verdienen – „The Sky is the Limit", Gier pur. Und Gier führt oft zu unmoralischem Verhalten. Es scheint fast so, als wäre die Finanzbranche prädestiniert für ein solches Verhalten. Schließlich ist das Streben nach immer mehr, immer besseren Ergebnissen, immer höheren Boni gewissermaßen systemimmanent. Darüber sind sich Wissenschaftler aller Fakultäten, ob nun Soziologen, Psychologen oder sogar Ökonomen, mittlerweile einig. Angetrieben von schier unstillbarer Gier arbeiten viele Banker bis tief in die Nacht. Familie, Freundschaften außerhalb der Branche oder Hobbys bleiben dabei oft auf der Strecke. Auch das lässt sich im Kinoklassiker *Wall Street* wunderbar beobachten. An die Stelle eines Privatlebens treten Telefonkonferenzen, nicht enden wollende Zahlenkolonnen, vollgepackte Terminkalender. Ein dickes Konto sowie Statussymbole wie Luxusautos, edle Uhren und riesige Villen entschädigen für die Qualen.

Doch das Streben nach all dem ist nicht ganz ungefährlich. Denn egal, wie klug jemand ist: Geld hat die Eigenschaft, den Charakter zu verderben. Was nach einer Stammtischparole klingt, hat die

US-Psychologien Kathleen Vohs in einem Experiment nachgewiesen.[2] Sie manipulierte das Unterbewusstsein ihrer Versuchspersonen mit Rätseln, in denen immer wieder Wörter wie Gehalt oder Vermögen vorkamen. Dann bat sie die Versuchspersonen um eine kleine Hilfeleistung, etwa ein paar heruntergefallene Stifte aufzuheben. Das Ergebnis der Studie: Diejenigen, die sie mit Floskeln aus der Finanzwelt konfrontiert hatte, waren wesentlich weniger hilfsbereit als jene, die ein Rätsel mit neutralen Wörtern gelöst hatten. Auch waren Erstere weniger willens, selbst Hilfe in Anspruch zu nehmen oder für eine gute Sache zu spenden. Vohs vermutet, dass der bloße Gedanke an Geld eine Illusion persönlicher Unabhängigkeit wachruft: Mit einem satten Kontostand meinen wir wohl eher, andere nicht zu brauchen, und erwarten umgekehrt auch von ihnen, ihre Probleme selbst zu lösen. Der schnöde Mammon verändert unsere Psyche auf ganz subtile Weise.

Dass Gier den Charakter verdirbt, hat auch der renommierte US-Psychologe Dacher Keltner von der Universität Berkeley in Dutzenden Studien bewiesen. Personen aus der Oberschicht neigen in Verhandlungen und Gewinnspielen häufiger zum Lügen und Betrügen als andere Bevölkerungsgruppen. Sein Fazit: Gier ist alles andere als gut, denn sie untergräbt moralisches Verhalten. Das zeigt auch das Gebaren von Gordon Gekko, der nicht vor krummen Geschäften zurückschreckt. In seinem Fall ist es neben Kursmanipulation über einen Pressekontakt auch Insiderhandel. Die Airline, bei der Bud Fox' Vater arbeitet, ist in Schieflage geraten und kämpft ums Überleben. Im Jahr zuvor ist ein Flugzeug abgestürzt, die Untersuchungen über die Ursache laufen noch. Bud erfährt von seinem Vater, dass das Urteil der Flugsicherung unmittelbar bevorsteht. Die Airline ist unschuldig, ein Produktionsfehler der Grund für das Unglück.

2 Vohs, Kathleen; Mead, Nicole; Goode Miranda: „The Psychological Consequences of Money“, *Science*, November 2006.

Flugbeschränkungen sollen aufgehoben werden. Als Gekko das erfährt, schlägt er gnadenlos zu.

Was Gordon Gekko da tut, ist leider kein Einzelfall, sondern weit verbreitet. Vor allem im Vorfeld von Übernahmen und Fusionen kommt es häufig zu solchen Handelsmustern. Das belegt auch eine Studie aus dem Mai 2014. Patrick Augustin von der McGill University sowie Menachem Brenner und Marti Subrahmanyam von der New York University haben systematisch den Markt für Aktienoptionen in den Jahren 1996 bis 2012 untersucht. Das Ergebnis schockiert: Bei fast jedem vierten aller Fälle, bei denen ein US-Unternehmen Ziel der Übernahme war, gab es demnach in den 30 Tagen zuvor ungewöhnliche Handelsmuster am Optionsmarkt, die ein Anzeichen für Insiderhandel sind. Bei fast 25 Prozent der Übernahmen machen also wahrscheinlich Insider ihr Wissen zu barer Münze. Die US-Behörden, vor allem die Wertpapieraufsicht SEC, sind in den vergangenen Jahren verstärkt gegen Insiderhandel vorgegangen und haben Dutzende Hedgefonds-Manager, Analysten und Geschäftsleute wegen Insiderhandels überführt.

Insiderhandel wird hart bestraft. Trotzdem geht Gordon Gekko dieses Risiko ein. Dabei ist er steinreich. Er lebt in Saus und Braus, besitzt eine protzige Villa, vollgestopft mit teurer Kunst, und hat unzählige Millionen auf dem Konto. Da drängt sich die Frage auf, wie viel Geld ein Mensch überhaupt braucht. Aber genau diese Frage würde sich ein von Gier getriebener Spekulant wie Gekko niemals stellen. Er will einfach nur ganz nach oben, ganz oben stehen auf der Liste der Superreichen.

Von diesen Listen gibt es unzählige. Die britische *Sunday Times*, die jedes Jahr eine Aufstellung der 1.000 reichsten Einwohner Großbritanniens veröffentlicht, stellte vor nicht allzu langer Zeit fest, dass 778 Superreiche ihren Wohlstand nicht geerbt, sondern selbst erarbeitet hatten. Ein Viertel von ihnen kommt aus dem Finanzbereich. Darunter Hedgefonds-Manager wie der Brite Alan Howard, der einst als Händler für Credit Suisse seine Brötchen verdiente und es mittlerweile auf ein Vermögen von geschätzt 1,5 Milliarden Pfund gebracht hat. Dass er sich angesichts eines solchen Reichtums zur Ruhe setzt, ist eher unwahrscheinlich. Das gilt auch für den Ex-Chef der Barclays Bank, Bob Diamond. Rund anderthalb Jahre nachdem er im Sommer 2012 über den Skandal um Manipulationen des Libor-Zinssatzes gestolpert war, hat der 62-Jährige mit seiner Investmentfirma Atlas Mara an der Börse 325 Millionen Dollar eingesammelt, für Investitionen in Afrika. Dass Diamond Geld braucht, ist nicht zu befürchten: In den sechs Jahren vor seinem Abgang soll er bei Barclays fast 100 Millionen Pfund verdient haben.

Verführerische Boni

Vieles davon dürfte auf die gigantischen Sonderzahlungen zurückgehen, die vor der Krise üblich waren. Die allzu üppigen Boni verführten die Finanzakrobaten dazu, mit fremdem Geld aberwitzige Risiken einzugehen – und führten so zum Beinahe-Zusammenbruch des Finanzsystems. Eigentlich wenig überraschend, denn die Aussicht auf stattliche Boni befeuert natürlich die Gier. Je nachdem, wie Anreize gesetzt sind, fördern sie ein Verhalten, das dem Unternehmen oder der Gesellschaft nutzt. Falsch gesetzte Anreize können hingegen ins Verderben führen. Erhält ein Manager beispielsweise einen Bonus, wenn er den Gewinn je Aktie maximiert, wird er sich auf dieses Kriterium fokussieren. Nur besteht dabei die große Gefahr, dass er sehr kurzfristig und sehr riskant agiert, immer den nächsten Stich- beziehungsweise Zahltag im Auge. Das langfristige Wohlergehen der Firma und mögliche Spätfolgen seines Handelns kann er dabei leicht aus dem Auge verlieren. Wohin das führt, haben wir in der Finanzkrise gesehen.

Es sind aber nicht nur die Top-Manager, die angesichts lockender Boni gierig werden und jegliche Moralvorstellung vermissen lassen. Wenn eine Bank ihre Mitarbeiter anspornt, möglichst hohe Summen eines bestimmten provisionsträchtigen Investmentprodukts zu verkaufen, darf sich am Ende niemand wundern, wenn das Produkt auch in den Depots derjenigen Privatanleger landet, die es überhaupt nicht verstehen und für deren Risikoneigung und Anlageziele es völlig ungeeignet ist. Hinterher ist das Geschrei dann groß. Erinnern Sie sich nur an die „Lehman-Oma". Nach der Pleite der US-Investmentbank stellten überraschte Rentner in Deutschland fest, dass ihnen fleißige Bankberater Zertifikate der Bank ins Depot gepackt hatten. Die waren nun wertlos, denn Zertifikate sind Inhaberschuldverschreibungen und damit im Insolvenzfall nicht geschützt. Leider war sich die „Lehman-Oma", wie eine Dame von der Presse tituliert wurde, dessen überhaupt nicht bewusst und hatte das Produkt auch sonst nicht verstanden.

Und auch die aberwitzigen Verbriefungen, in denen gefährdete Immobilienkredite amerikanischer Schuldner gebündelt und mit besten Bonitätsnoten neu etikettiert wurden, hat wohl kaum noch jemand durchblickt. Auch die Bosse in den Banktürmen an der Wall Street oder in Frankfurt nicht mehr. Doch solange die Erträge stimmten und in der Folge die Boni, ging die Party munter weiter. Bis es knallte.

Bei den erfolgsabhängigen Sonderzahlungen kommen gleich mehrere Probleme zusammen – nicht nur in der Finanzbranche, sondern in allen Sektoren. Wer etwa ein Umsatzziel in seinem Vertrag stehen hat, wird zu Beginn des Geschäftsjahres mental in die Verlustzone katapultiert. Das erzeugt nicht nur Stress und Leistungsdruck – was natürlich unmoralisches Verhalten begünstigt –, sondern führt auch zu einer höheren Risikobereitschaft.

Gerade an den Finanzmärkten können wir immer wieder beobachten, wie fehlgeleitete Anreize in die Katastrophe führen. Das Problem: Die Verflechtungen der Akteure und die vielen verschiedenen Anreizsysteme sind häufig so komplex, dass das Desaster oft erst offenbar wird, wenn es schon zu spät ist. Komplizierte Schneeballsysteme fliegen erst auf, wenn die Anleger bereits hohen finanziellen Schaden erlitten haben. Betrügerische Bankmitarbeiter in den Handelssälen werden erst entlarvt, wenn die finanziellen Verluste zu groß werden. Und die fehlgesteuerten Bonussysteme werden erst geändert, wenn ein Investment oder gar das ganze Unternehmen vor dem Abgrund steht.

Wahrscheinlich sind Sie kein zweiter Gordon Gekko und kein Bob Diamond. Aber wahrscheinlich erliegen auch Sie bei ihren Investmententscheidungen ab und an der Gier. Als im Sommer 2014 der mir bis dahin unbekannte amerikanische Action-Kamerahersteller GoPro an die US-Technologiebörse Nasdaq ging, fühlte ich mich an Zeiten des Neuen Marktes erinnert. Der Aktienkurs stieg nicht nur am Tag des Börsengangs kräftig an, sondern legte in den ersten drei Tagen um satte 69 Prozent zu. Das Unternehmen war damit fast fünf Milliarden Dollar wert. Im Jahr vor dem Börsengang hatte das Unternehmen rund 3,8 Millionen Kameras verkauft, die Kunden luden so viele Filme hoch, dass man sie drei Jahre am Stück hätte anschauen können. Werbeeinnahmen? Bis zum Börsengang Fehlanzeige. Einzig die Hoffnung wurde verkündet, zeitnah Werbeplätze im Umfeld der selbst gedrehten Filme verkaufen zu können. Der Kamerahersteller vertreibt seine Inhalte über Seiten wie Facebook, Instagram und Twitter. Allein bei YouTube von Google wurden GoPro-Videos mehr als 500 Millionen Mal angeklickt. Im Gegensatz zu vielen der Neuer-Markt-Buden, die an der Börse Hunderte Millionen wert waren, aber keinen Cent verdienten, sieht es bei GoPro anders aus: Der Hersteller von kleinen und robusten Kameras, mit denen sich Nutzer zum Beispiel selbst beim Sport filmen können, machte eigenen Angaben zufolge im vergangenen Jahr einen Umsatz von knapp einer Milliarde Dollar und einen Gewinn von 60,6 Millionen Dollar – immerhin. Ob das aber die Börsenbewertung rechtfertigt?

Eine gute Freundin von mir, die sich eigentlich nicht übermäßig für Börse interessiert, kommentierte kurz nach dem Börsengang:

„Da hätte man dabei sein müssen." Auch eine Form von Gier. Solch hohe Gewinne locken uns an. Vor allem wenn die Firmen so schöne Geschichten zu verkaufen haben. Wer möchte nicht modernste Technik und kräftiges Wachstum im Depot haben? Vielleicht ist GoPro ja das nächste Microsoft, Google oder Apple. Vielleicht aber auch eine der vielen Börsen-Eintagsfliegen, vor denen Superinvestor Warren Buffett einst warnte. An Börsengängen teilzunehmen sei nicht zu empfehlen. Es sei unsinnig anzunehmen, dass man besser informiert sei als die Insider, die ihre Aktien im Zuge des Börsengangs abgeben. Statt gleich vom ersten Tag an dabei zu sein, solle man erst den Kursverlauf ansehen und dem Markt Zeit geben, eine Bewertung vorzunehmen, und dieser dann seine eigene Einschätzung gegenüberstellen. Natürlich laufen wir damit Gefahr, dicke Anfangsgewinne à la GoPro zu verpassen. Aber sollte sich die neue Aktie, wie so oft geschehen, als Rohrkrepierer erweisen, sind wir eben auch nicht dabei. Fest steht: Die Zeiten des Neuen Marktes, als jede noch so defizitäre Bruchbude phantastische Börsenbewertungen erzielte und jeder Börsengang die Lizenz zum Gelddrucken war, sind definitiv vorbei. Auch GoPro hat binnen weniger Tage übrigens einen Großteil der Gewinne wieder abgegeben.

Ein Beispiel dafür, wie unberechenbar Börsengänge sein können, ist das verpatzte Debüt von Facebook. Wer im Mai 2012 den schnellen Dollar machen wollte, wurde bitter enttäuscht. Der Börsengang des Internetstars geriet zum Desaster. Banken und Anleger verloren Millionen. Das Debüt war massiv durch technische Probleme bei der Nasdaq behindert worden. Das Handelssystem war überfordert, die Händler wussten zum Teil stundenlang nicht, ob ihre Aufträge ausgeführt wurden. Auch das kann passieren. Glücklich wurden die Anleger mit Facebook auch nicht, nachdem die Panne behoben war. In den ersten Monaten machten sie mit der Aktie nur Verluste, dann aber startete sie durch. Wer Geduld hatte, wurde also belohnt. Wer auf den schnellen Gewinn beim Börsengang gierte, wurde bestraft.

Hohe Zinskupons werden nicht aus Nächstenliebe gezahlt

Doch nicht nur die möglichen Kursgewinne von Neuemissionen wecken regelmäßig die Gier in uns. Seit einiger Zeit buhlen mittelgroße Unternehmen mit sogenannten Mittelstandsanleihen um unser Geld. Das Wort Mittelstand schafft Vertrauen, schließlich ist der deutsche Mittelstand das Herzstück, das Fundament unserer erfolgreichen Wirtschaft. Nur leider sind die Unternehmen, die unser Geld wollen, nicht ganz so erfolgreich. Trotzdem werfen viele Privatanleger ihnen ihr Erspartes hinterher, denn die Mittelstandsanleihen bieten hohe Zinskupons. Manchmal sind Zahlungen von sieben, acht oder sogar zehn Prozent pro Jahr zu holen.

Solche Zinsen sollten hellhörig machen in Zeiten, in denen die Zinsen mehr oder weniger abgeschafft sind und mit Anleihen solider Dax-Konzerne kaum mehr zwei Prozent Rendite pro Jahr einzufahren sind. Es muss einen Grund geben, wenn manche Unternehmen viel höhere Zinsen zahlen als andere. Doch von diesem Haken wollen gierige Anleger nichts wissen. Für sie zählt einzig die Rendite, und die soll möglichst hoch sein. Viele Privatanleger hinterfragen gar nicht mehr, warum die Firmen derart hohe Zinsen zahlen. Dabei ist die Differenz enorm: Während Staatsanleihen mit guter Bonität und Unternehmensbonds solider Firmen nur noch Minirenditen bringen, locken die Mittelstandsanleihen mit saftigen Zinszahlungen. Bei den seit 2010 begebenen 150 Papieren reicht das Spektrum bis 11,25 Prozent.

Aus reiner Nächstenliebe zahlen die Mittelständler diese Kupons wohl kaum. Dass bei manchen Emittenten einiges im Argen lag, wurde den Anleihekäufern im Jahr 2013 schmerzhaft bewusst: Insgesamt zehn Anleihen mit einem platzierten Volumen von 380 Millionen Euro sind nach Angaben der Ratingagentur Scope ausgefallen. Und die Pleitewelle rollt weiter.

Vor allem Privatanleger lernen dabei oft auf die harte Tour: Wer eine extreme Mehr-Rendite einfahren will, muss auch ein erhöhtes

Risiko eingehen. Und solche Wetten gehen eben nicht immer auf. Wer zu gierig wird, muss mit einer erhöhten Ausfallgefahr leben. Doch wo fängt Gier an? „Gier fängt schon dann an, wenn man sicher mehr als zwei Prozent Rendite erzielen möchte“, sagte mir Martin Weber von der Uni Mannheim. „Investitionen, die beispielsweise acht Prozent sicher versprechen, sind unsolide und ganz einfach zu meiden.“ Wäre da nur nicht die Gier.

Diese Emotion sprechen auch Anlegermagazine regelmäßig an, wenn sie mit reißerischen Titeln Kursverdoppelungen oder ganz heiße Trends anpreisen. Noch schlimmer sind aber die unzähligen Newsletter, die Tag für Tag an gierige Anleger verschickt werden. Wenn sogenannte Börsenbriefe selbst ernannter Börsengurus Kursgewinne von 100 und mehr Prozent versprechen, greifen manche Anleger beherzt zu. Was für eine Chance! Da muss man dabei sein.

Natürlich gibt es auch Gurus, die sich diesen Titel verdient haben. Das sind bekannte Staranleger wie Warren Buffett, an deren Lippen die Anleger und Märkte hängen. Oder etwa Hedgefonds-Manager wie George Soros, die an der Börse Milliarden verdient haben, weil sie eine funktionierende Strategie angewendet haben. Ab einem gewissen Kultstatus kommt es auch hier zu einer sich selbst erfüllenden Prophezeiung. Wenn Warren Buffett verkündet, er habe Aktien von einem Unternehmen gekauft, dann steigt der Börsenkurs in der Regel. Die Gleichung ist ganz einfach: Der Guru kauft zu zehn Euro, die Jünger folgen ihm, der Kurs steigt. Starinvestoren wie Buffett erzeugen enorme Nachfrage. Das funktioniert auch mit den unzähligen Musterdepots der Börsenbriefe – vorausgesetzt, genügend Börsianer folgen den Empfehlungen der Experten. Im Fall von Staranlegern ist das relativ ungefährlich, weil sie in der Regel langfristig anlegen, also nicht auf den schnellen Dollar oder Euro aus sind. Ihre Beweggründe und ihre Strategie sind meistens bekannt.

Wenn allerdings Spekulanten wie Gordon Gekko ihre krummen Spielchen spielen, haben Anleger keine Chance. Er streut bewusst

Gerüchte, nutzt Insiderinformationen aus und agiert eiskalt. Gesetz und Moral gelten für ihn nicht. Es geht einfach um seinen größtmöglichen Gewinn, um seinen Sieg.

Immer wieder ist vom „Kasino-Kapitalismus“ die Rede. Wenn man sich „Zocker“ wie Gekko anschaut, mag das stimmen. Spekulanten gelten – auch wenn sie sich an geltendes Recht halten – als Hasardeure oder Windbeutel. Doch die Geschichte zeigt: Ohne Spekulanten gibt es kein Wachstum und keinen Wohlstand. Denn was wird den Spekulanten eigentlich vorgeworfen?

Die Börsen werden oft als Spielkasino wahrgenommen, was natürlich vollkommen falsch ist. Natürlich wird an den Märkten gezockt, was das Zeug hält. Aber sie sind eben auch ein Barometer der Wirtschaft. Natürlich entkoppeln sie sich manchmal von der Realwirtschaft. Nämlich dann, wenn Emotionen die Kurse kurzfristig enorm nach oben oder unten ausschlagen lassen. Oder wenn Notenbanken die Märkte mit Liquidität fluten und so die Kurse treiben. Viele Faktoren beeinflussen die Entwicklung von Aktien, Anleihen oder Rohstoffen. Im Spielkasino hingegen herrscht das Zufallsprinzip.

An der Börse spekulieren wir auf eine Kursbewegung, von der wir glauben, dass sie eintrifft. Aus welchen Gründen auch immer. Spekulieren wird oft mit Zocken gleichgesetzt. Doch das ist nicht ganz richtig. Wir handeln an der Börse Erwartungen, Sorgen, Hoffnungen und Perspektiven. Getreu dem lateinischen Wortstamm des Wortes „spekulieren“ – nämlich „speculari“, übersetzt mit „spähen“ und „beobachten“. Schon Benjamin Franklin (1706–1790), einer der Gründerväter der Vereinigten Staaten, sagte einst: „Geld kann Geld erzeugen, und die Sprösslinge können noch mehr erzeugen und so fort.“ Ein Kapitalist habe es daher immer mit mobilisiertem Geld, mit seiner Anreicherung und seiner Wiederaufbereitung zu tun. Kapital sei der Dünger des Fortschritts und Fortschritt sei der Dünger des Kapitals und der Spekulant sei eine Person, die das Bewegungsgesetz des Kapitalismus, nämlich Dynamik, Instabilität, dauernde Umwälzung und ewige Zukunft, laufend beglaubige.

Spekulation ist also nichts Schlechtes, sondern Teil unseres Wirtschaftssystems. Der Spekulant beobachtet die Realwirtschaft notwendigerweise losgelöst von ihr – und er ist nur über die Risiken, die er ihr abnimmt, mit dieser verbunden. Auch dass er diese Risiken nicht allein tragen will, sondern verteilt, dass er sie stückelt, verbrieft, teilweise weiterreicht und sich außerdem gegen den Schadensfall versichert, ist nichts Unehrenhaftes. Trotzdem befeuern Spekulanten natürlich Übertreibungen, also Spekulationsblasen, in denen sich Blindheit, Gier und Wahn Bahn brechen. Denn der Spekulant kalkuliert selbstverständlich auch mit der Unvernunft. Er rechnet mit Masseneuphorie und Ekstasen. Eine prozyklische Verstärkung von Trends kann man ihm dabei allerdings nicht vorwerfen: Der Spekulant profitiert nicht von Preistreibereien, sondern von Preisunterschieden. Deshalb ist es für ihn auch so verlockend, gegen den Trend zu wetten.

An der Börse gibt es keinen Wucherparagrafen

„Wenn die Spekulation stirbt“, so hat es William P. Hamilton, der Gründer des *Wall Street Journal*, einmal zugespitzt formuliert, „stirbt auch dieses Land.“ Der Spruch hätte auch von Gordon Gekko sein können. Spekulation muss man also nicht generell verteufeln. Allerdings nimmt sie mitunter Züge an, die gefährlich und nicht mehr gesund sind, nämlich dann, wenn die Gier zu groß wird.

> „Wenn die Spekulation stirbt, stirbt auch dieses Land.“
> WILLIAM P. HAMILTON

Leider gibt es an der Börse keinen Wucherparagrafen. Es gehört vielmehr zum Geschäft, die Notlage oder Unwissenheit anderer auszunutzen. Das war schon immer so. Nathan Rothschild hat es beispielsweise zu Beginn des 19. Jahrhunderts in London vorgemacht, als er noch vor der englischen Regierung die

Nachricht vom Sieg bei Waterloo erhielt. Er verkaufte Wertpapiere und ließ es alle wissen, was prompt eine wahre Verkaufswelle auslöste, denn er galt als gewiefter Anleger. Die Kurse purzelten in den Keller – und Rothschild kaufte die Papiere billig wieder ein. Als die Nachricht vom Sieg über Napoleon publik wurde, schossen die Kurse in die Höhe. Rothschild machte enorme Gewinne.

Gier gibt es in verschiedenen Ausprägungen. Gier kann auch etwas Sinnstiftendes und Anregendes haben. Manchen erscheint das Spiel mit den Millionen geradezu als erotischer Kitzel. Gier kann süchtig machen nach immer mehr Gewinn, nach dem nächsten Kick. Gier kann auch zu Größenwahn und Habgier führen und mancher verliert völlig das Gefühl für Recht und Unrecht.

Michael Douglas hat für die Hauptrolle im Kultfilm *Wall Street* übrigens den Oscar bekommen. Der zweifelhafte Filmheld Gordon Gekko stolpert über seine Emotionen. Er war zu gierig und wird des Insiderhandels überführt – auch mit Hilfe des geläuterten Bud Fox – und landet im Gefängnis. Ein Schicksal, das viele „Spieler“ mit ihm teilen.

Der Gierige

Der Spieler

Der Größenwahnsinnige

Der Mitgerissene

Der Hektische

Der Verdränger

Der Verliebte

Der Leichtgläubige

Der Ängstliche

Der Panische

DER SPIELER

Die Börse wird oft mit einem Kasino verglichen. Zocker treiben die Kurse in die eine oder andere Richtung, Unternehmensbeteiligungen werden zu Spielbällen, Aktionäre sind den Hasardeuren schutzlos ausgeliefert. So weit die bekannten Stammtischparolen. Natürlich ist die Börse keine Spielhalle, aber manche Akteure würden sie am liebsten dazu machen. Es gibt viele Spieler an der Börse, die das schnelle Glück suchen, aber selten finden. Sie glauben, mit ein paar geschickten Wetten das ganz große Geld zu machen. Sie gehen extreme Risiken ein, zocken mit Hebelprodukten, die den Gewinn – und leider auch den Verlust – vervielfachen. Spieler agieren blitzschnell, langfristige Investments sind ihnen zu langweilig. Manche von ihnen zocken wie im Rausch.

Doch diese Variante der Gier ist nicht ganz ungefährlich. Denn die Gier ist nicht nur ein starker Antrieb, sondern kann uns auch in eine Sucht treiben. Wir wollen immer mehr, nichts ist je genug. Wenn wir nach immer höheren Gewinnen gieren, kann das ganz schön ungesund werden. Schon der Mediziner und Philosoph Paracelsus wusste zu Anfang des 16. Jahrhunderts: Die Menge macht das Gift. Übersetzt heißt das: Renditestreben ja, aber nicht um jeden Preis.

Nur verlieren manche Menschen die Kontrolle über das Gift „Gier". Denn Börsengewinne lösen Vorgänge in unserem Gehirn aus, die mit denen beim Konsum von Kokain oder anderen Drogen vergleichbar sind. Wenn unser Depotwert immer weiter und immer schneller steigt, kann uns das in einen wahren Rausch versetzen. Und das kann zu Suchtverhalten führen. Andere erliegen dem Reiz des Risikos, das eine ungeheure Anziehungskraft auf sie ausübt. Sie brauchen immer neue Kicks, immer waghalsigere Wetten.

Spielsucht ist ein weithin bekanntes und verbreitetes Phänomen, wird aber meistens mit Glücksspielautomaten, Roulette- oder Poker-Tischen in Verbindung gebracht. Das Spekulieren an der Börse kann sich aber genauso zu einer Sucht entwickeln wie das Zocken am Spielautomaten in der Imbissbude.

Nach aktuellen Studien leben 540.000 problematische und pathologische Spieler in Deutschland. Es gibt rund 200 Selbsthilfegruppen für anonyme Spieler. Die meisten dieser Süchtigen sind Automatenspieler, doch bis zu fünf Prozent von ihnen haben Probleme mit ihrer Börsenzockerei. Und wie immer bei solchen Schätzungen weisen die Experten auf eine Dunkelziffer hin.

Oft sind es Menschen, von denen wir ein solches Suchtverhalten gar nicht erwartet hätten. Wie etwa Uli Hoeneß. Der Fall des ehemaligen Präsidenten des FC Bayern München zeigt, welch extreme Auswirkungen diese Börsenzockerei haben kann. Hoeneß stolperte über eine fehlerhafte Selbstanzeige. Dabei kam heraus: Der Würstchenfabrikant hatte mehr als 27 Millionen Euro an Steuern auf Spekulationsgewinne hinterzogen. Der erstaunlich hohe Betrag lässt erahnen, mit welch immensen Beträgen er an der Börse gespielt hat. Dass er seine Börsengeschäfte schon krankhaft betrieben hat, wurde im Prozess vor dem Landgericht in München immer deutlicher. Viele Aussagen und Indizien sprachen für das Verhalten eines Spielsüchtigen.

Uli Hoeneß selbst hält sich allerdings nicht für spielsüchtig, auch wenn er im Interview mit der Wochenzeitung *Die Zeit* kurz nach Bekanntwerden des Skandals zugab: „Ein paar Jahre lang war ich wohl nah dran." Er glaubt kuriert zu sein – wobei ihm sein Sohn Florian im selben Interview offen widerspricht: „Die Familie sieht das anders."[1] Die Frage, ob der mächtigste deutsche Fußballmanager

1 Zeit-Gespräch mit Uli Hoeneß: „Ich gehöre nicht mehr dazu", Die Zeit, 2. Mai 2013, Nr. 19, Dossier-Seite 13-16.

an Spielsucht leide, war plötzlich Inhalt zahlreicher Talkshows und unzähliger Medienberichte. Ob er nun wirklich spielsüchtig ist oder war, müssen Experten beantworten.

Es bleibt aber die Frage, wie sehr jemand an der Börse „gespielt" haben muss, um derart hohe Gewinne gemacht zu haben, damit solch immense Steuerschulden innerhalb relativ kurzer Zeit zusammenkommen. Die Summen, mit denen er an der Börse jonglierte, wurden offenbar immer größer. In den Medien kursieren Schätzungen, Hoeneß habe insgesamt mit einem dreistelligen Millionenbetrag an der Börse gehandelt. Als es an der Börse schlecht für ihn lief, soll er seine Zockerei teilweise über einen Kredit finanziert haben – was das Ganze natürlich noch riskanter macht.

„Das war der Kick, das pure Adrenalin"

Er nannte sich sogar selbst einen „Zocker", ließ sich angeblich auf den Grund seines Pools einen Bullen und einen Bären als Mosaik legen – die Zeichen für steigende und fallende Börsenkurse. Über die Schweizer Privatbank Vontobel hatte der ehemalige Bayern-Präsident seit der Jahrtausendwende mit Millionenbeträgen am Devisenmarkt spekuliert. „In den Jahren 2002 bis 2006 habe ich richtig gezockt. Das waren Summen, die für mich heute auch schwer zu begreifen sind, das war teilweise extrem", sagte er der *Zeit*. Seine heißen Devisenwetten reduzierte der einstige Fußball-Nationalspieler erst auf Druck von außen. 2006 begannen seine verlustreichen Jahre. „Es wurde richtig eng", erinnerte sich der Bayern-Manager. Sein Freund, der frühere Adidas-Chef Robert Louis-Dreyfus, habe ihm mit Millionenbeträgen aus der Patsche geholfen. In der Finanzkrise 2008 seien seine Anlagen „endgültig in den Keller" gegangen und er habe seine Geschäfte stark eingeschränkt. „Ich habe zu viele Verluste gemacht", sagt Hoeneß. „Ich konnte nicht mehr so viel zocken."

„In den Jahren 2002 bis 2006 habe ich richtig gezockt."
ULI HOENESS

Hoeneß war zu jeder Tages- und Nachtzeit mit seiner Bank verbunden. Die Kurse verfolgte er auf seinem Pager, per Telefon hat er dann seine Kauf- und Verkaufsaufträge an die Händler der Bank Vontobel erteilt. „Das war der Kick, das pure Adrenalin", sagte er vor Gericht aus. Doch es war nicht nur das Stresshormon Adrenalin, sondern vor allem der Neurotransmitter Dopamin. Forscher machen die Neigung, Belohnungen ohne Verzögerung zu wollen und dabei die Dopamin-Neuronen zum Feuern zu bringen, für Spielsucht, Sexsucht, Extremsport und andere Süchte verantwortlich. Wie bei jeder anderen Sucht spielte dieser Glücksbotenstoff auch beim Zocken an der Börse die Hauptrolle. Ganz gleich, ob Alkohol, Kokain oder Amphetamin – Drogen steigern die Ausschüttung des Dopamins. Denn das löst auch die Euphorie aus, die Spielsüchtige und Börsenhändler erleben. Wenn eine Wette aufgeht, sind die Zocker geradezu „high".

Wie stark die Sucht unser Gehirn manipuliert, zeigt unser Dopamin-Level. Nikotin kann den Dopamin-Level um 200 Prozent erhöhen, Kokain sogar um 400 Prozent und Amphetamin um 1.000 Prozent. Psychologen und Ärzte sind überzeugt, dass Spielsucht eine vergleichbar hohe Abhängigkeit erzeugt wie die meisten klassischen Drogen. Die Parallele zur Alkohol- oder Kokainsucht ist erschreckend: Es kommt ein Zeitpunkt, ab dem auch bei den Kapitalmarktspielern nur noch der Börsenkick das ersehnte Dopamin freisetzt. Alles andere empfinden sie als langweilig und einschläfernd.

Wie ein Junkie giert der Zocker immer nach dem nächsten, möglichst stärkeren Schuss. So wie ein Alkoholiker seine Dosis immer weiter erhöhen muss, gewöhnt sich auch der Börsensüchtige an ein bestimmtes Risikolevel und schraubt das Risiko dann immer weiter hinauf. Irgendwann geht das so weit, dass der Spieler die Kontrolle über einmal gesetzte Höchstgrenzen verliert, dass er versucht, Verluste mit noch höherem Kapitaleinsatz wieder wettzumachen. Wie bei klassischen Drogen kann es sogar zu entzugsähnlichen Symptomen kommen, falls der Zocker gerade keinen Zugang zu den Märkten hat. Natürlich passiert das nicht öffentlich, der Spieler tarnt seine Sucht, belügt Familie und Freunde, verheimlicht sein Zocken, spricht nicht über seine hohen Einsätze, seine Gewinne oder Verluste. Überhaupt verliert er jegliches Gefühl für den Wert des Geldes, es wird nur noch als Spielgeld wahrgenommen.

Und wie bei Drogen- oder Alkoholsucht spielt der Börsenzocker irgendwann einfach nur noch weiter, um zu funktionieren. Denn die Dopamin-Dosis lässt sich nicht unendlich steigern, egal wie waghalsig die Wetten sind, egal wie hoch der Einsatz ist. Das Gehirn hat nämlich nur eine begrenzte Zahl von Dopamin-Rezeptoren. Deshalb verschafft die Sucht ab einem bestimmten Niveau kein Glücksgefühl mehr.

Manager verfallen übrigens häufig der Spekulationssucht. Sie verfügen in der Regel über ein hohes Selbstbewusstsein, sind von ihren Fähigkeiten im Job restlos überzeugt. Selbstkritik ist vielen von ihnen fremd. Das macht sie anfällig für den Kick, den waghalsige Finanzgeschäfte versprechen. Weil sie im Beruf so überaus erfolgreich sind – Uli Hoeneß formte die Bayern zur Fußball-Supermacht – glauben sie, auch auf anderen Gebieten der Beste zu sein und immer alles unter Kontrolle zu haben.

Die totale Kontrolle ist eine Illusion

Es ist das Handlungsmuster erfolgreicher Unternehmer und Manager. Weil sie auf ihrem Gebiet zu den Besten gehören, weil sie ihr Geschäft beherrschen und kontrollieren, glauben die Wirtschaftsbosse sich auch bestens für die Welt der Finanzmärkte gerüstet. Viele Börsenspieler unterliegen einer Kontrollillusion. Sie halten das Geschehen im Kasino für zufallsbedingt, meinen aber, an der Börse die Dinge im Griff zu haben. Das ist natürlich pures Wunschdenken, vor allem wenn sie extrem kurzfristig agieren. Wer kann schon einschätzen, wie sich ein Aktienkurs in den kommenden Minuten oder Stunden bewegt? Auch das ist wohl eher Zufall.

Ein zunehmender Kontrollverlust ist typisch für Spekulationssüchtige. Die eingesetzten Beträge werden immer höher, gleichzeitig wachsen die Risiken, die sie mit ihren Börsengeschäften eingehen. Verluste führen nur noch dazu, dass sie mit noch höherem Einsatz versuchen, wieder auf die Gewinnerseite zu gelangen. Geld ist dann längst nur noch Mittel zum Zweck. Im Grunde geht es sowieso eher um den Kick, nicht um das Gewinnen. Der Belohnungseffekt entsteht beim Spielen. Das ist wie ein Feuerwerk, wenn der Körper zur Belohnung Dopamin und Endorphin ausschüttet.

Auch wenn wir nicht spielsüchtig sind, neigen wir zu ähnlichen Verhaltensmustern – nur sind sie eben nicht krankhaft. Auch wir verlieren ab und an die Kontrolle über unsere Investments. Wir alle leiden ab und zu an Selbstüberschätzung. Erfolge schreiben wir gerne unseren ausgeprägten positiven Fähigkeiten zu. Psychologen sprechen vom sogenannten Attributionsfehler. Geht ein Investment schief und wir erleiden Verluste, dann sind natürlich äußere Umstände schuld – und nicht etwa unsere leider falsche Einschätzung des Wertes. Die Selbstüberschätzung ist weit verbreitet.

Wenn wir an den Märkten erste Erfolge haben, werden wir schnell ein bisschen mutiger. Wir bilden uns gerne ein, die Börse im Griff zu haben. Aktien, Fonds, ETFs – schön und gut. Doch wenn es gut läuft, dann wagen wir uns auch an riskantere Produkte heran. Viele von uns haben schon mal mit „Spielgeld" gezockt. Dagegen ist auch nichts einzuwenden, solange es bei dieser vorher festgelegten Summe bleibt.

Es gibt aber eben auch viele Spekulanten, die fest daran glauben, dass sie an der Börse ganz schnell und ohne viel Zutun reich werden können. Das „Glauben" können Sie wörtlich nehmen, denn diese Menschen glauben an strukturierte und gehebelte Produkte als Heilsbringer. Diese Derivate sind nichts als Wetten und gehen oft daneben. Die Derivate haben so schöne Namen wie Knock-out oder Smart-Turbo. Wenn eine solche Wette schiefgeht, dann bedeutet das für den Zocker meistens den Totalverlust. Aber nicht nur diese Kunstprodukte, sondern auch hochspekulative Aktien wie etwa Papiere von Minengesellschaften stehen bei den risikoverliebten Spekulanten hoch im Kurs. Viele von ihnen sind Day-Trader, handeln mehrmals täglich, halten aber selten eine Position über Nacht. Besonders erfolgreich sind sie damit übrigens nicht. Nach zahlreichen Studien machen mehr als zwei Drittel aller Privatanleger, die täglich handeln, Verluste.

Mit Geldanlage im Sinne von Vermögensaufbau hat dieses Spekulieren meiner Meinung nach nichts zu tun. Diese Zocker machen die Börsen wirklich zum Spielkasino. Manche Wetten mögen aufgehen, die meisten gehen aber daneben. Trotzdem lockt das große Geld. Wer möchte nicht hohe Gewinne mit minimalem Einsatz machen? Solche Aussichten wecken eine der gefährlichsten Emotionen an der Börse: pure Gier.

Viele Anleger haben gar nicht die notwendigen Kenntnisse über die Zocker-Produkte – weder theoretisch noch praktisch. Sie wissen nicht, wie sich die Papiere beispielsweise in sehr volatilen Marktphasen verhalten. Aktien sind da die bessere Wahl, bin ich überzeugt. Ich bin nicht grundsätzlich gegen Zertifikate, aber ich warne davor, sie einzusetzen, wenn Sie die Papiere nicht hundertprozentig verstehen. Denn dann wird aus dem Traum vom Reichtum schnell der Albtraum Armut. Wer auf Hebelprodukte oder andere hochspekulative strukturierte Papiere setzt, sollte das nur mit Spielgeld tun.

Das Gefährliche an dieser Sicht auf die Märkte: Wenn wir den gewünschten Gewinn tatsächlich eingestrichen haben, fühlen wir uns bei Weitem nicht so gut, so berauscht wie in der Erwartung eines Gewinns. Vorfreude ist die schönste Freude, lautet ein gängiges Sprichwort, und das beschreibt unsere Gefühlslage ziemlich genau. Natürlich ist auch das wissenschaftlich belegt. Neurowissenschaftler der Stanford University in Kalifornien haben 21 experimentelle

Untersuchungen ausgewertet, die den neuralen Wurzeln der Geldgier auf den Grund gingen. Das Ergebnis war eindeutig: In allen Versuchen reagierten Testpersonen besonders stark auf einen erwarteten finanziellen Gewinn.[2] Geld, das sie tatsächlich ihr eigenen nannten, hatte einen wesentlich geringeren Effekt auf das Belohnungssystem im Gehirn. Die Aussicht auf einen möglichen Geldsegen ruft trotz der damit einhergehenden Risiken ein deutlich größeres neuronales Feuerwerk – und damit größere Glücksgefühle – hervor als vorhandenes Eigentum. Verantwortlich dafür sei eine Art Antizipationsschaltkreis im Gehirn, der dafür sorgt, dass ein besonders hohes Risiko die Vorstellung eines möglichen Gewinns noch zusätzlich versüßt – der Reiz des Spiels. Und nach diesem Reiz können wir süchtig werden – an der Börse ebenso wie am Spielautomaten in der Imbissbude.

Geld wird zur Droge

Ob nun Spekulationssucht oder Glücksspielsucht – beides sind keine medizinischen Fachbegriffe, sondern umgangssprachliche Bezeichnungen für etwas, das Mediziner als Störung der Impulskontrolle bezeichnen. Bei Uli Hoeneß hatte die Zockerei schon fast groteske Züge angekommen: 50.000 Transaktionen will er zwischen 2001 und 2010 getätigt haben. Das könne geschehen, „wenn man zockt und verrückt ist, wie ich es damals war", bekannte der Fußballmanager vor Gericht. Rein rechnerisch hat er damit in den genannten neun Jahren an jedem einzelnen Tag etwa 15 Kauf- oder Verkaufsaufträge an der Börse platziert. An einzelnen Tagen will er sogar bis zu 100 Orders aufgegeben haben.

Es grenzt fast schon an ein Wunder, dass er damit keine riesigen Verluste anhäufte, denn er ging bei seinen Geschäften extrem hohe Risiken ein. Offenbar hatte sich Hoeneß vor allem bei Devisen-

2 Nikolas Westerhoff: „Hauptsache mehr!", in: *Gehirn & Geist*, 12/2008, S. 66-68.

geschäften einiges zugetraut. Gefährlicher geht es kaum, denn der Devisenmarkt ist besonders schwer vorhersagbar, die Notierungen schwanken in kurzen Abständen hin und her – wenn auch in einer geringen Spanne. Um mit Spekulationen auf Dollar, Pfund oder Yen trotz der geringen Preisdifferenzen nennenswerte Gewinne zu machen, muss ein Anleger sehr hohe Beträge einsetzen.

Solche Wetten gehen natürlich auch andere ein. Manche tun es mit dem bereits erwähnten Spielgeld – also Geld, mit dem wir bewusst höhere Risiken eingehen und dessen Verlust wir verschmerzen können. Bei wieder anderen sind extrem riskante Investments Teil ihrer mittel- oder langfristigen Anlagestrategie. Doch wo wird es problematisch? Wo hört Anlegen auf und wo fängt Zocken an?

Experten unterscheiden zwischen verschiedenen psychologischen und psychopathologischen Risikofaktoren. Völlig ungefährdet sind Sie, wenn Sie Aktien als real existierende Sachwerte betrachten, langfristig anlegen und dabei das Risiko Ihrer individuellen Lebenssituation anpassen. Auch wenn Sie ab und zu mit Spielgeld ein bisschen zocken – aus Spaß am Spiel –, ist das kein Problem. Sie freuen sich über einen Gewinn, von dem Sie aber ökonomisch nicht abhängig sind. Natürlich gibt Ihnen das einen Kick, aber Sie können damit umgehen. Klar auch, dass Sie sich über einen Verlust ärgern, doch sie können ihn mental und finanziell verkraften.

Es gibt aber sogenannte Risikogruppen, die zu Suchtverhalten neigen. Dazu zählen beispielsweise unsichere Menschen, die in ihrer Kindheit vielleicht Außenseiter waren, es aber mit hoher Leistungsorientierung „nach oben" geschafft haben. Sie werden als selbstbewusste Machertypen wahrgenommen, obwohl Selbstzweifel an ihnen nagen. Wer so gestrickt ist, hält Verluste an der Börse nur schwer aus – weder vor sich selbst noch vor anderen, auch wenn sie ökonomisch noch verkraftbar sind. Dieser Typ wird alles tun, um die Verluste auszugleichen, und dabei immer größere Risiken eingehen. Das kann in einer gefährlichen Abwärtsspirale enden.

Auch eigentlich „problemlose“ Anleger sind gefährdet. Nämlich dann, wenn das Zocken mit dem Spielgeld zu gut klappt. Mit steigenden Gewinnen geht nämlich das Gefühl für den Geldwert verloren. Je mehr Geld wir gewinnen, desto mehr steigen nicht nur die Ansprüche, sondern das Gewinnen wird auch zum Selbstzweck.

Mitunter setzen auch Menschen, die große wirtschaftliche Probleme haben, auf das „Kasino Börse“. Sie hoffen auf einen schnellen und vor allem hohen Gewinn. In ihrer Verzweiflung setzten sie ihr letztes oder sogar geliehenes Geld auf extrem spekulative Produkte – frei nach dem Motto „Alles oder nichts“. Meistens heißt das Ergebnis „nichts“ oder noch weniger.

Und dann sind da diejenigen, die wirklich süchtig nach Börse sind. Das Treiben an den Börsen bestimmt ihren Tagesablauf. Sie zocken mehr oder weniger rund um die Uhr an den Märkten rund um die Welt. Sie sind überzeugt, den sprichwörtlichen richtigen Riecher zu haben und den Markt schlagen zu können. Sie wollen den Triumph genießen, besser zu sein als der traurige Rest der Verlierer.

Und weil gerade die mächtigen Wirtschaftslenker zur Selbsttäuschung neigen, dass sie die Börse ebenso dominieren können wie die eigene Firma, ist das Drama um Uli Hoeneß auch kein Einzelfall, im Gegenteil. In den vergangenen Jahren gingen immer wieder ähnliche Fälle durch die Presse. Ein Beispiel ist Erwin Müller, Milliardär und Drogeriekönig. Müller schloss hochriskante Wetten auf den Fall des Schweizer Franken und des Japanischen Yen ab, die er spektakulär verlor. Gut 240 Millionen Euro Verlust standen letztendlich in den Büchern. Und auch der mit Aktien und riskanten Optionspapieren geführte Übernahmekampf gegen den Konkurrenten Douglas drohte zeitweise zum Drama zu werden. Am Ende sollen es Müllers Kreditgeber gewesen sein, die genug hatten von seiner Zockerei. Auf Druck seiner Gläubiger musste der Drogeriekönig 290 Millionen Euro zurückstellen, um seine Währungsrisiken abzusichern, hieß es. Den Konsortialkredit verlängerten die Banken erst, nachdem Müller seinen Finanzchef Hansjörg Plaggemars in die Geschäftsführung befördert hatte. Er soll den Hobby-Hedgefonds-Manager offenbar bremsen. Dass Erwin Müller als waghalsiger Spekulant auffällig wurde, liegt wohl hauptsächlich an der Größenordnung seiner Geschäfte.

Das heimliche Spielkasino der Wirtschaftselite

Tatsächlich ist er nur einer von vielen Firmenlenkern, die an der Börse den Nervenkitzel suchen: Das Privatbankkonto mit großzügigem Kreditrahmen und Rund-um-die-Uhr-Betreuung ist zum Statussymbol geworden. Die Börse ist das heimliche Spielkasino der deutschen Wirtschaftselite.

Wer dort mit hohem Einsatz spielt, wird erst dann offensichtlich, wenn die Wirtschaftsbosse sich verzocken. Einer der wohl tragischsten Fälle der vergangenen Jahre ist der schwäbische Unternehmer Adolf Merckle. Der Selbstmord des Milliardärs im Januar 2009 löste Bestürzung, aber auch Überraschung aus. Merckle hatte sich während seines Lebens ein beeindruckendes Imperium aufgebaut. Dazu zählten bekannte Firmen wie Heidelberg Cement, Ratiopharm und Kässbohrer Geländefahrzeuge. Mit dem Kauf des traditionsreichen Heidelberg-Cement-Konzerns habe Merckle sich verhoben, ätzten Kritiker damals. Tatsächlich lasteten auf dem Imperium Schulden in Höhe von etwa 16 Milliarden Euro.

Als ob all das nicht Sorgen genug gewesen wären, verzockte sich der als konservativ bekannte Unternehmer auch noch an der Börse. Einige Monate vor seinem Selbstmord soll Merckle Millionen auf fallende Kurse von Volkswagen gesetzt haben. Im Zuge von Porsches Versuch, VW zu übernehmen, und der gelungenen Übernahme von Porsche durch VW kletterte die VW-Aktie jedoch zwischenzeitlich auf unglaubliche Rekordhöhen. Das freute diejenigen, die ihre VW-Aktien mit hohem Gewinn verkauften, endete für Merckle aber in einem finanziellen Fiasko. Bis heute ist allerdings nicht bekannt wie hoch seine Verluste tatsächlich waren – vom niedrigen dreistelligen Millionenbereich bis hin zu Milliarden war die Rede. Auf jeden Fall waren sie so hoch, dass die Banken Merckle zwangen, sich von Ratiopharm, damals immerhin seine gewinnbringendste Beteiligung, zu trennen. Vor der Finanzkrise hatte der Schwabe zu den reichsten Deutschen gezählt, jetzt waren seine Aktienpakete, die bei den Banken als Sicherheiten fungierten, plötzlich kaum noch etwas wert. Merckle wurde in aller Öffentlichkeit dafür kritisiert, quasi Arbeitsplätze verspielt, sich verspekuliert zu haben. Das konnte der stolze Unternehmer nicht ertragen und warf sich vor einen Zug.

Die Fälle Merckle und Hoeneß zeigen, dass auch Wohlhabende der Gier verfallen. Obwohl sie scheinbar alles haben, um ein luxuriöses Leben zu führen, wollen sie immer mehr – und verlieren dabei jegliches Maß und Gefühl für Risiko. Uli Hoeneß hat seine Zockerei bekanntlich ins Gefängnis gebracht. Er hatte seine Gewinne nicht beim Fiskus gemeldet und wurde wegen Steuerhinterziehung verurteilt. Steuerhinterziehung hat übrigens auch etwas mit Gier zu tun. Wir wollen nichts abgeben vom sauer Verdienten oder spektakulär Gewonnenen. Die Entscheidung, am Fiskus vorbei zu schummeln, ist übrigens nicht zwangsläufig eine Frage der Einkommensgröße oder des Vermögens.

Hoeneß hat zwar im Grunde den deutschen Steuerzahler geschädigt, aber jeder Einzelne von uns spürt davon herzlich wenig. Anders ist es bei einigen Größenwahnsinnigen, die andere Anleger geschädigt haben.

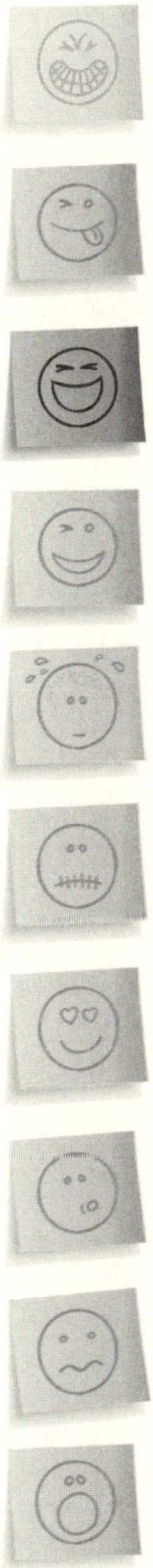

Der Gierige

Der Spieler

Der Größenwahnsinnige

Der Mitgerissene

Der Hektische

Der Verdränger

Der Verliebte

Der Leichtgläubige

Der Ängstliche

Der Panische

DER GRÖSSENWAHNSINNIGE

Gier kann uns nicht nur in die Spielsucht führen, es gibt noch andere Extreme. Eine Steigerung der Gier ist die Habgier, also das rücksichtslose Streben nach materiellem Besitz ohne konkreten Nutzen. Mancher wird im Gewinnrausch größenwahnsinnig, wieder andere lässt die Gier sogar kriminell werden. Manchmal passiert all das sogar genau in dieser Reihenfolge. Im Christentum ist die Habgier eine der sieben Todsünden. Sie zählt zu den schlechtesten Charaktereigenschaften überhaupt. Begünstigt werden solche Wesenszüge leider von unserer Höher-Schneller-Weiter-Gesellschaft.

Der Übergang zwischen Spieler und Größenwahnsinnigem ist fließend. In jedem Größenwahnsinnigen steckt ein Spieler. Und jeder Spieler ist auch ein bisschen größenwahnsinnig, wenn er sich einbildet, alles im Griff zu haben. Leider ist auch der Weg vom Größenwahn zur Kriminalität nicht weit. Die Gründe, warum ein Kapitalmarktteilnehmer das Gesetz bricht, können dabei aber ganz unterschiedlich sein.

Die Geltungssucht mancher Banker hat immer wieder dramatische Folgen. Der Brite Nick Leeson beispielsweise ruinierte mit seinen Zockereien an den Terminmärkten die honorige Barings Bank und brachte sogar das einst stabile Britische Pfund ins Wanken. Damals, im Jahr 1995, war Leeson 27 Jahre alt und ein aufstrebender Derivatehändler in Singapur. Leesons Aufgabe war es, Preisdifferenzen – im Börsendeutsch Arbitragemöglichkeiten – zwischen den Kursen des Nikkei 225 an den Börsen von Singapur und Osaka auszunutzen. Doch Leeson nutzte die Derivate nicht, um leichte Kursunterschiede abzugreifen, sondern setzte die Instrumente immer stärker zur Spekulation ein. Diese Geschäfte liefen aber zusehends gegen ihn. Der Brite vertuschte seine Verluste und ging immer höhere Risiken ein, in dem Glauben, die Verluste irgendwann auszugleichen. Leeson soll damals ein Konto mit der Nummer 88888 benutzt haben, um die Verluste zu verstecken. Die Acht gilt im asiatischen Raum als Glückszahl. Ihm brachte sie weniger Glück.

Verluste begrenzen? Notbremse ziehen? Fehlanzeige. Leeson glaubte bis zuletzt, er sei unschlagbar und habe alles unter Kontrolle. Das Gegenteil war der Fall: Der Brite verspekulierte mehr als 825 Millionen Pfund Sterling. Die Barings Bank, immerhin die älteste Investmentbank Großbritanniens, brach zusammen, Leeson wanderte für vier Jahre in ein Gefängnis in Singapur. Jahre später erzählte er, wie sehr er unter dem Doppelleben gelitten habe, in das ihn sein Größenwahn getrieben hatte. Von der Bank als Star-Händler gefeiert, hatte er sich immer mehr in Alkoholexzesse geflüchtet. Im Gefängnis habe er viel Zeit zum Nachdenken gehabt, so Leeson später. Geld sei nicht sein Antrieb gewesen, sondern der Erfolg. Wer immer der Beste sein will, verliert nur leider schnell jegliche Bodenhaftung.

Nick Leeson ist kein Einzelfall. In jüngster Vergangenheit verspielte Jérôme Kerviel bei der französischen Großbank Société Générale fast fünf Milliarden Euro. Er gilt als bis dato größter Zocker der Geschichte. Der frühere Aktienhändler spekulierte mit deutschen Aktien und Derivaten. Er war keiner der Superstars, die Millionen kassierten. Sein Basisgehalt soll bei 75.000 Euro gelegen haben. Plus Bonus. Und genau da lag wohl das Problem. Jahr für Jahr hoben seine Vorgesetzten die Ziele und die erfolgsabhängige Sonderzahlung an. Also ging Kerviel immer höhere Risiken ein. Er habe für seinen Job gelebt, habe sich für unverwundbar gehalten, erzählte er später in Interviews. Es sei wie ein Spiel gewesen.

Besser als alle anderen

Die Einsätze wurden immer höher. 2007 setzte er 30 Milliarden Euro, das entsprach in etwa dem Eigenkapital der Bank. Mit Scheingeschäften verdeckte er die Risiken, die er nie hätte eingehen dürfen. Es ging gut, er gewann 1,4 Milliarden Euro, die er mit ein paar Buchungstricks vertuschte. Denn derart hohe Summe hätten unangenehme Fragen aufgeworfen, schließlich spekulierte Kerviel schon damals mit unerlaubt hohem Einsatz. Doch irgendwann verließ ihn das Glück. Er musste mit immer größeren Summen spielen, um seine Verluste auszugleichen. Das ging aber ordentlich schief. Am Ende standen unglaubliche 50 Milliarden auf dem Spiel. Im Januar 2008 flog er schließlich auf. Das Ganze kostete ihn nicht nur seinen Job. Kerviel wurde wegen Untreue und Dokumentenfälschung zu drei Jahren Gefängnis verurteilt.

Auch er wollte übrigens einfach nur beweisen, dass er besser war als seine Kollegen, so geht es aus seinem Vernehmungsprotokoll hervor. Sein Größenwahn hat Kerviel kriminell werden lassen. Als er seine gigantischen Verluste nicht mehr verschleiern konnte, flog er auf – und musste kapitulieren.

Die Kapitulation ist ein wichtiger Teil der bereits erwähnten Prospect Theory der beiden Psychologen Daniel Kahneman und Amos Tversky. Verluste können wir maximal so lange ertragen, bis sie existenzgefährdend sind. Wenn es so weit kommt, ziehen wir die Reißleine, lösen unsere Positionen auf, realisieren unsere Verluste und versuchen so zu retten, was noch zu retten ist. Wir kapitulieren.

Kerviel hat wie im Modell funktioniert. Die Prospect Theory besagt nämlich, dass im Falle extremer Verluste, die weit vom ursprünglichen Referenzpunkt – also unserem Einstiegspunkt – entfernt liegen, die Sensitivität für weitere Einbußen schlagartig wieder zunimmt. Das passiert in der Regel dann, wenn wir Angst um unsere Existenz oder unseren Arbeitsplatz haben. Jeden weiteren Euro, den wir in die roten Zahlen rutschen, nehmen wir sehr bewusst wahr.

Wir suchen nach Strategien, unsere Verluste wettzumachen und zu unserem Einstiegspreis zurückzugelangen. Kerviel hat den Einsatz erhöht und immer waghalsiger gewettet – und nebenbei die Verluste verschleiert. Helfen alle Rettungsstrategien nichts, erreichen wir einen zweiten Referenzpunkt – Experten sprechen vom Kapitulationspunkt. Wir agieren extrem risikoscheu und steigen aus. So weit sind allerdings weder Nick Leeson noch Jérôme Kerviel in ihrem Größenwahn gekommen. Sie mussten von ihren Arbeitgebern gestoppt werden.

Größenwahn geht einher mit totaler Selbstüberschätzung, der nicht nur die Superzocker in irgendwelchen Großbanken erliegen. Haben Sie nicht schon mal gedacht, den Markt schlagen zu können und schlauer zu sein als alle Vermögensverwalter, Hedgefonds-Manager oder Aktienhändler? Wenn unsere Wetten aufgehen, wächst nicht nur unser Depotstand sondern auch unser Selbstbewusstsein. Wir neigen dazu, unseren Erfolg allein uns selbst und unserer Strategie zuzuschreiben. Das ist übrigens nicht nur an der Börse so, sondern in allen Lebenslagen. Das Glückshormon Dopamin lässt uns übermütig werden. Erinnern Sie sich, das ist die Belohnungsdroge, nach der die Spieler süchtig sind.

Vor diesem Rausch ist niemand gefeit. Statistisch gesehen wird jeder Anleger – egal wie unerfahren er ist, wie unorthodox er agiert oder wie willkürlich seine Investments sind – einmal Gewinne an der Börse einfahren. Hier ähnelt die Börse dann doch dem Glücksspiel: Wer oft genug beim Roulette setzt, wird irgendwann die richtige Zahl oder Farbe erwischen. Damit wächst das Zutrauen in die eigenen Fähigkeiten dann unverhältnismäßig an. Völlige Selbstüberschätzung ist die Folge. Selbst wenn unter dem Strich noch immer Verluste stehen, kann eine einzelne erfolgreiche Anlage uns übermütig, sogar größenwahnsinnig, werden lassen. Ein Grund dafür sind Attributionsfehler, der sogenannte Attribution Bias. Frei übersetzt: Misserfolge sind Pech, Erfolge aber sind Können.

Wenn wir uns selbst und unsere Fähigkeiten bei der Geldanlage überschätzen, laufen wir Gefahr, übermütig zu werden und das Risiko zu erhöhen. Was soll schon schiefgehen? Beim letzten Börsengeschäft hatten wir schließlich auch den richtigen Riecher. Warum also jetzt nicht wieder, aber bitte mit höherem Einsatz und höheren Gewinn? Doch mit der Summe unseres Engagements wächst auch die Anspannung. Auch die Wertpapiere selbst werden immer riskanter. Klappte es mit eher konservativen Dax-Aktien gut, bilden wir uns ein, auch aufstrebende Wachstumsunternehmen aus komplizierten Branchen zu durchblicken.

Noch gefährlicher wird es, wenn wir beginnen zu zocken. Denn nichts anderes ist es meiner Meinung nach, wenn eher konservative Anleger plötzlich mit Hebel spekulieren oder hochriskante Optionsgeschäfte eingehen oder – noch schlimmer – auf Kredit spekulieren. Wer der totalen Selbstüberschätzung verfällt, glaubt unschlagbar zu sein. Zur Not lässt sich das Glück erzwingen, scheinen die Spekulanten zu glauben. Ein Irrglaube, denn den wenigsten Anlegern bringt häufiges Ein- und Aussteigen nachhaltigen Erfolg.

Auch wenn selbst ernannte Gurus, Analysten, Fondsmanager oder Ihr Bankberater gerne den Anschein erwecken wollen, mit Fundamentaldaten, Risikoanalysen, Ländervergleichen und Charts das künftige Börsengeschehen vorhersagen zu können – niemand weiß ganz genau, wohin sich die Kurse bewegen und vor allem wann. Deshalb ist die Börse aber kein Kasino, ein Aktieninvestment keine Zufallswette. Ich bin überzeugte Aktionärin. Aktien sind Unternehmensbeteiligungen – und die brauchen Zeit. Auch wenn ich langfristig von den Chancen einer Firma überzeugt bin und mit meiner Einschätzung richtig liege, heißt dass nicht, dass es deshalb mit meiner Aktie immer nur aufwärts geht. So funktioniert Börse nicht, dafür ist vor allem kurzfristig zu viel Psychologie in den Kursen. Wer Ihnen also weismachen will, er könne die Kursentwicklung der kommenden Wochen oder Monate auf den Euro genau voraussagen, leidet auch an einer Form von Größenwahn.

Oder er nutzt sein Insiderwissen, was allerdings verboten ist. Auf solche Deals hat sich bekanntlich auch der gierige Gordon Gekko eingelassen. Wer so agiert, hat natürlich die maximale Kontrolle. Wer aber legal handelt und glaubt, mit immer mehr Informationen immer bessere Investitionsentscheidungen treffen zu können, erliegt einer Illusion.

Hochjubeln und Wegwerfen

Größenwahn kann noch andere Formen annehmen als im Fall von Jérôme Kerviel. Einen klaren Fall von Größenwahn dokumentiert der Film *Der Wolf der Wall Street*. Er beruht auf der Geschichte von Jordan Belfort, der Tausende von Privatanlegern abgezockt hat und sich dabei für unbesiegbar hielt. Belfort verdiente angeblich mehr als 50 Millionen Dollar im Jahr – und das im Grunde mit Ramsch. Da kann man schon mal größenwahnsinnig werden. Seine Lebensgeschichte war der Stoff für seinen Bestseller *Der Wolf der Wall Street*, den Regisseur Martin Scorsese mit Leonardo DiCaprio in der Hauptrolle verfilmte.

Belfort selber verkauft sein damaliges Unternehmen, den Börsenmakler Stratton Oakmont, in Interviews gerne als Erfolgsgeschichte. Doch seine Sicht auf die Dinge ist ziemlich verklärt. Die Realität sieht anders aus: Die Gesellschaft mit Sitz auf Long Island vor New York, wurde in den 1990er-Jahren zum Synonym für Wertpapierbetrug. Stratton Oakmont war kein normaler Börsenmakler sondern eine gigantische Drückerkolonne, die ahnungslosen Anlegern völlig überteuerte Ramschaktien aufschwatzte. Das ist ein klassisches und leider relativ verbreitetes Betrugssystem, im Jargon der Wall Street heißt es „Pump and Dump“ – Hochjubeln und Wegwerfen. Stratton Oakmont handelte mit sogenannten Pennystocks, Aktien, die nur wenige Cent wert und zu klein waren, um an regulären Börsen notiert zu werden. Der Betrug lief so ab: Stratton erwarb ein großes Aktienpaket und verscherbelte die Papiere dann am Telefon mit frei erfundenen Geschichten über das gigantische Kurspotenzial an leichtgläubige Kunden – natürlich mit gigantischem Aufschlag. Belforts Truppe verkaufte die Titel so mit Gewinn an die Kunden, die letztlich auf den wertlosen Aktien sitzen blieben. Wollten sie verkaufen, bevor Stratton Oakmont alle Papiere los war, führten die Broker ihre Aufträge einfach nicht aus.

Mit dieser Masche zockte Stratton Tausende Privatanleger ab und wurde 1998 von der Börsenaufsicht SEC geschlossen. Jordan Belfort wurde verhaftet und 2003 wegen Wertpapierbetrugs und Geldwäsche verurteilt. Die Staatsanwaltschaft bezifferte die Verluste der Anleger auf mehr als 200 Millionen Dollar. Seine vergleichsweise geringe Strafe von nur vier Jahren hatte er seiner Kooperation mit der Bundespolizei FBI und der Staatsanwaltschaft zu verdanken. Schon nach 22 Monaten war er wieder frei.

Belfort machte nicht nur wegen seiner dubiosen Aktiengeschäfte Schlagzeilen. Er stand für alle möglichen Exzesse an der Wall Street. Drogen, Sex, Models, teure Jachten – Belfort feierte sich und seinen Erfolg ausschweifend. So steht es zumindest in seinen Büchern. Joel Cohen, Anwalt der Kanzlei Gibson Dunn & Crutscher, hält aber viele dieser Geschichten für übertrieben. „Wie es die Art von Mister Belfort ist, hat er viel erfunden, als er Jahre später seine Bücher schrieb", schrieb er in einem Beitrag für die *New York Times*. Cohen leitete als Bundesstaatsanwalt gemeinsam mit einem FBI-Agenten die strafrechtlichen Ermittlungen gegen Belfort. „Niemand hat ihn jemals als Wolf der Wall Street bezeichnet, bis er den Namen als Titel für sein Buch erfunden hat", so Cohen weiter. Belfort und sein Partner Porush hätten – anders als im Film – auch sofort kapituliert, als sich die Schlinge der Ermittler zuzog. In der Hoffnung auf Strafmilderung hätten sie umgehend mit den Behörden zusammengearbeitet, um ihre Kollegen als Betrüger zu überführen. Echt an der Geschichte sind auf jeden Fall die Verluste der Anleger. Um einen solch gigantischen Betrug durchzuziehen, muss man sehr von sich und der eigenen Unantastbarkeit überzeugt sein.

Ein gigantisches Schneeballsystem

Das war wohl auch Bernard Madoff, auch wenn er sich nicht so lautstark gebärdete und selber feierte. Sein Betrug war aber nicht minder dreist. Im Gegensatz zu Belfort investierte der New Yorker Finanzhai Madoff die ihm anvertrauten Mittel von reichen Privatkunden gar nicht erst. Darunter waren Millionen Dollar von Hollywood-Regisseur Steven Spielberg und Schauspielerin Zsa Zsa Gabor samt Ehemann Frederic Prinz von Anhalt sowie von Stiftungen wie der des Friedensnobelpreisträgers Elie Wiesel. Die Promis vertrauten dem angesehenen Vermögensverwalter scheinbar blind. Es gab bei Madoff Securities keine Superrenditen mit heißen Hebeln, sondern eine familienfreundliche, beständige Wertanlage, die schön zuverlässig zwischen acht und zwölf Prozent brachte. So weit das Märchen, das die Anleger glaubten

Jahre später sollte auffliegen, dass die eingesammelten Millionen direkt als angebliche Rendite in Wahrheit nie getätigter Investitionen an ältere Anleger ausgezahlt wurden. Wenn Anleger Informationen über seine Strategie wünschten, ließ Madoff nachschauen, welche Papiere er vor welcher Zeit hätte kaufen müssen, um ungefähr auf die gewünschte Ausschüttung zu kommen. Die eigentliche Arbeit bestand darin, den Kunden regelmäßig fiktive Konto- und Depotauszüge zuzuschicken. Das funktionierte jahrelang absolut perfekt. Die Madoffs galten an der Wall Street als extrem schlaue Investoren. Ihre Lebensführung war vorbildlich – Familie ging über alles, Sport hatte Vorrang vor Partys und von Koks und Callgirls à la Jordan Belfort keine Spur. Niemand ahnte, dass der an der Wall Street hoch angesehene Herr nichts anderes als ein gigantisches Schnellballsystem betrieb.

Ein Vermögen von 65 Milliarden Dollar hatte der Börsenmakler Madoff seinen Kunden zuletzt vorgegaukelt. Übrig blieb nur etwas mehr als eine Milliarde. Das riesige Schneeballsystem flog 2008 auf, als in der Finanzkrise zu viele Klienten gleichzeitig Geld abziehen wollten und Madoff schlicht die Mittel fehlten, alle Wünsche zu bedienen. Investoren verloren unglaubliche 50 Milliarden Dollar. Größere Summen waren an der Wall Street noch nie veruntreut worden. Wer kleinere Summen erschummelt, heißt seither „Mini-Madoff". Der ehemalige New Yorker Finanzhai wurde zu einer Gefängnisstrafe von 150 Jahren verurteilt. Seine Strafe verbüßt er als Häftling 61727-054 in einem Gefängnis in North Carolina. Dort soll er schon von einem Mithäftling verprügelt worden sein, dem er angeblich Geld schuldete. In Zeitungsberichten heißt es aber auch, Madoff genieße wegen des Jahrhundertbetrugs unter den Inhaftierten hohen Respekt.

Auch im Fall Madoff waren die Anleger zu gierig, hinterfragten zu wenig und vertrauten dem vermeintlichen Super-Anleger mit den graumelierten Haaren fast blind. Sein Ruf war blendend, er verfügte über ein hohes Maß an Glaubwürdigkeit. Anders kann ein Schneeballsystem auch nicht funktionieren. Schließlich müssen immer neue Anleger – und zwar eine rasch wachsende Zahl – gefunden werden, um die Altanleger zu bedienen.

Für Madoff war das lange kein Problem. Er bewegte sich in New Yorks höchsten Kreisen, soll mitunter Anlegergeld sogar abgelehnt haben, wenn ihm die Summe zu gering erschien. Der Finanzhai selbst lebte in Saus und Braus. Seine Familie schwelgte im Luxus, Heerscharen von Bediensteten kümmerten sich um Ruth und Bernard sowie seine Söhne Andrew und Mark samt Anhang. Sie alle leben vom ergaunerten Geld. Der Finanzmakler besaß Immobilien in der Upper East Side Manhattans, den Hamptons, Palm Beach und Paris. Zusammen mit seiner Frau Ruth wirkte er als Philanthrop und Spender für Colleges, Theater, Bildungseinrichtungen, jüdische Wohltätigkeitsorganisationen sowie als Mäzen.[1] Das ist wohl auch eine Form von Größenwahn: Madoff präsentierte sich als Gönner einer Gesellschaft, die er nach Strich und Faden betrog.

1 „Profile of a Wall Street Star", *Telegraph*, 14. Dezember 2008.

Seine Söhne wussten von dem gigantischen Betrug übrigens nichts. Der Skandal stellte ihr Leben auf den Kopf. Beide leiteten zuletzt die Wertpapierhandelssparte des väterlichen Unternehmens, die im Gegensatz zur Vermögensverwaltung legal wirtschaftete. Aus den Klageschriften ging hervor, dass der Finanzmakler auch Andrew und Mark Madoff betrogen hatte. Nachdem er ihnen am Abend des 10. Dezember 2008 eröffnet hatte, dass von den Milliarden der Anleger nur noch wenig übrig war, hatten die Brüder die Behörden eingeschaltet. Kurz zuvor hatte Ruth Madoff noch 15,5 Millionen Dollar aus einem Unternehmen abgezogen, an dem ihr Ehemann beteiligt war.

Mark Madoff konnte die Schmach nicht ertragen und setzte seinem Leben ein Ende. Der Zeitpunkt des Selbstmords war an Symbolik kaum zu überbieten. Auf den Tag genau zwei Jahre zuvor hatte Bernard Madoff ihm und seinem zwei Jahre jüngeren Bruder Andrew eröffnet, dass seine Vermögensverwaltung, die Wurzel ihres Reichtums und gesellschaftlichen Status, ein einziges Lügengebilde war. Es war nicht der erste Selbstmord, der mit dem Skandal in Verbindung stand.

Bernard Madoff war über jeden Zweifel erhaben. Nicht nur Prominente, auch viele Finanzprofis fielen auf ihn herein. Auch der amerikanische Psychologe und Professor Stephen Greenspan ging ihm auf dem Leim und verlor 400.000 Dollar seines Vermögens. Dabei hätte er es doch eigentlich besser wissen müssen, schließlich veröffentlichte er Ende 2008 ein Buch mit dem schönen Titel „Annals of Gullibility: Why We Get Duped and How to Avoid It“, auf Deutsch: Annalen der Leichtgläubigkeit. Warum wir uns hereinlegen lassen und wie wir es vermeiden können“.[2] Theorie und Praxis liegen eben oft weit auseinander.

2 Stephen Greenspan: *Annals of Gullibility: Why We Get Duped and How to Avoid It*, Praeger 2008

Es ist auch nicht so leicht, einem Betrüger auf die Schliche zu kommen. Denn ein potenzieller Schummler lotet natürlich seine Spielräume aus und zieht auch das Risiko, entdeckt zu werden, in Betracht. Nicht erwischt zu werden hat nämlich auch seinen Reiz. Der Größenwahn verschleiert allerdings oft den objektiven Blick und die Betrüger verlieren die Kontrolle über ihre unsauberen Geschäfte.

Wir alle sind natürlich keine Bernard Madoffs und auch keine Jérôme Kerviels. Wir verzocken nicht die Millionen oder gar Milliarden anderer. Aber auch uns kann der Größenwahn erwischen und in zu riskante Wetten treiben. Gier ist eine extreme Emotion und niemand ist vor ihr gefeit. Das dürfen Sie nie vergessen, wenn Sie an der Börse agieren. Es ist nichts dagegen einzuwenden, wenn Sie mit Ihrem Spielgeld ein paar waghalsige Wetten eingehen, aber bitte riskieren Sie nicht Ihr ganzes Vermögen. Doch Gier ist längst nicht die einzige Emotion, die uns bei unserer Geldanlage in Bedrängnis und um unser Erspartes bringen kann.

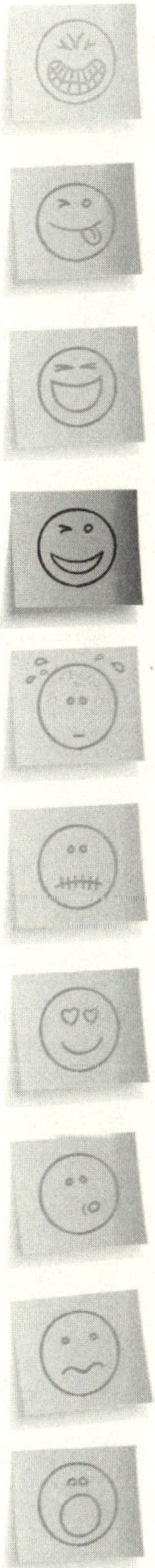

Der Gierige

Der Spieler

Der Größenwahnsinnige

Der Mitgerissene

Der Hektische

Der Verdränger

Der Verliebte

Der Leichtgläubige

Der Ängstliche

Der Panische

DER MITGERISSENE

Während Gierige, Spieler oder Größenwahnsinnige dem Markt ständig ein Schnippchen schlagen wollen, lassen sich andere Investoren lieber treiben. Das kann verschiedene Gründe haben. Die Trendfolge beispielsweise ist eine oft angewandte Strategie. Diese Anleger sind eine Art Trittbrettfahrer, die ganz bewusst jeden Trend mitmachen. Der Herdentrieb hingegen ist eher unbewusst und ein weit verbreitetes Phänomen, dem nicht nur, aber vor allem Privatanleger zum Opfer fallen. Sie lassen sich mehr oder weniger fremdbestimmt mitreißen.

Der Herdentrieb ist evolutionär begründet und scheint fest in uns verankert zu sein. Wir sind da nicht anders als Tiere. Für sie wie für uns gilt: Wer im Verbund läuft, ist sicher. Das Rudel garantiert das Überleben und die Gesundheit. Denn Raubtiere schnappen sich immer die Schwächsten, also jene, die sich von der Herde absondern. Deshalb macht es uns ein bisschen Angst, wenn wir nicht zur Masse gehören. „Konträre Strategien zu verfolgen ist so, als würde man sich regelmäßig den Arm brechen", fasst James Montier, bekannt für seine Bücher über Behavioral Finance, das Phänomen zusammen.[1] Wer aber immer nur mit der Herde läuft, der wird natürlich mitgerissen, wenn die Herde über eine Felsklippe stürzt.

Es ist natürlich herrlich unkompliziert, sich an anderen zu orientieren. Wer anderen folgt, muss nicht selber denken. Wir geben quasi die Verantwortung ab. Das funktioniert auch an der Börse blendend: Die Meinung über die Märkte sollen sich bitte andere bilden – ob

1 James Montier: Die Psychologie der Börse. Ein Praxisleitfaden für Behavioral Finance, München 2010, S. 15.

nun Analysten, Börsengurus, Starinvestoren oder eben die breite Masse der Anleger. Wir folgen ihnen nur. Wenn wir auf die Kurse blicken, dann denken wir unwillkürlich, es müsse so weitergehen wie bisher. Wir ziehen unbewusst eine der vielen Schablonen, die unser Gehirn bereithält. Dieses Mal ist es die Repräsentativitätsheuristik, die uns eine wunderbare mentale Abkürzung liefert, wie immer ganz automatisch und völlig unbewusst.

Ein Beispiel: In einem Experiment konnten Testpersonen Aktien kaufen, deren Kursentwicklung rein zufällig war. Die Probanden entschieden sich überdurchschnittlich oft für Aktien, die eine längere Aufwärtsbewegung hinter sich hatten. Hier rechneten sie mit weiter steigenden Kursen. Dass die Verliereraktien dieselbe Chance auf ein sattes Plus hatten – die Entwicklung war schließlich völlig willkürlich –, blendeten sie aus.

Diese Irrationalität lässt sich an den Märkten oft beobachten. Das geht sogar so weit, dass wir Aktien, die gerade abgestürzt sind, meiden wie der Teufel das Weihwasser. Aber nur wenige Monate später – an den Fundamentaldaten hat sich wenig geändert – greifen wir zu einem deutlich höheren Preis beherzt zu. Eine Aktie, die steigt, muss doch gut sein. Deshalb wollen wir auch dabei sein. Einen Erklärungsversuch lieferte der US-Amerikaner Ralph Nelson Elliott in den späten 1920er-Jahren. Seine Wellentheorie besagt, dass die kollektiven Gefühle der Investoren zwischen Optimismus und Pessimismus schwanken. Diese Schwankungen erzeugen Muster, und zwar ganz rhythmisch in fünf oder drei Wellen. Diese strömenden Aufs und Abs der Kurse verlaufen nach Elliott fast gesetzmäßig. In der wissenschaftlichen Literatur ist diese Wellentheorie allerdings sehr umstritten, da ein linearer Mechanismus der Preisentwicklung ist angeblich nicht mit dieser Eindeutigkeit zu belegen ist.

Unbestritten ist aber, dass unsere Psyche stark beeinflusst, wie wir an der Börse agieren. Und diese „Wellen“ gibt es sehr wohl, sonst gäbe es keine Massenhysterie, die Rallys oder eben Crashs auslöst.

Auf Phasen von Goldgräberstimmung, Kasinomentalität und purer Gier folgen Wochen, Monate und manchmal gar Jahre von Angst oder gar Panik. Auf den Boom, die Rally folgt die Baisse, der Absturz – und die Emotionen fahren ebenso wie die Aktienkurse Achterbahn. Der Herdentrieb hilft uns, das einfacher zu ertragen. Denn er hat einen entscheidenden Vorteil: Wir stehen nicht allein als Versager oder Verlierer da, wenn es knallt. Die anderen haben es garantiert genauso gemacht.

Steigt die Börse, kommt das Publikum, fällt die Börse, geht das Publikum

Mehr oder weniger im Gleichschritt mit der Dax-Kurve bewegt sich die Anlegerherde auch an die Börse und flieht von ihr. Das lässt sich wunderbar an den Zahlen des Deutschen Aktieninstituts ablesen. Nach dem Börsengang der Deutschen Telekom Anfang 1997 und während des Hypes um die Wachstumswerte des Neuen Marktes beispielsweise ging die Anzahl der deutschen Börsianer Jahr für Jahr nach oben. Mehr als sechs Millionen direkte Aktionäre zählte das Institut im Jahr 2000. Doch dann änderte die Herde die Richtung: Die Internetblase platzte, die Kurse sausten in den Keller und die Aktionäre ergriffen die Flucht. Im ersten Halbjahr 2009 waren nur noch knapp 3,4 Millionen Deutsche direkt in Aktien investiert.

Börsenaltmeister André Kostolany beschrieb dieses Phänomen einst so: „Steigt die Börse, kommt das Publikum, fällt die Börse, geht das Publikum." Oder um es anders auszudrücken: Vor allem Privatanleger kaufen teuer und verkaufen billig. Das ist eine Begleiterscheinung des Herdentriebs. Wir rennen dem Rudel als Privatanleger selten voraus. Eher das Gegenteil ist der Fall, wir warten immer ein bisschen zu lange. Und zahlen dafür drauf. Auf dem Wochenmarkt machen wir es genau andersherum. Oder würden Sie bei dem Händler einkaufen, der die teuersten Kartoffeln anpreist? Nein, Sie halten nach Angeboten Ausschau.

An der Börse haben viele Anleger genau davor Angst. Billige, oder besser günstig bewertete Aktien scheuen wir. Die teuren müssen die guten sein, schließlich hat die bereits jeder im Depot. Warren Buffett macht es übrigens genau andersherum und hält nach günstig bewerteten Substanzwerten Ausschau. Er rät Anlegern: „Seid gierig, wenn alle ängstlich sind, und seid ängstlich, wenn alle gierig sind." Das ist quasi der Leitgedanke des Value-Investments, dessen prominentester Vertreter Buffett ist. Sich nicht von den Emotionen der anderen anstecken zu lassen, ist aber gar nicht so einfach.

> „Seid gierig, wenn alle ängstlich sind, und seid ängstlich, wenn alle gierig sind."
> WARREN BUFFETT

Einzelkämpfer müssen viel stärker sein. Sie plagen auch schneller Selbstzweifel. Sie müssen sich oft sogar rechtfertigen, wenn sie anders handeln als alle anderen. In der Herde fühlen wir uns viel wohler. Gustave le Bon beschreibt in seiner „Psychologie der Massen", dass wir, ganz egal wie gebildet wir sind oder wie gut unsere kognitiven Fähigkeiten sind, in der Masse unsere Kritikfähigkeit verlieren und stark emotionalisiert werden. Wir gehen in der Masse auf – bis hin zur Aufgabe unserer Persönlichkeit. Und das ist ein Problem. Denn glauben wir le Bon, dann ist die Masse leichtgläubig, undifferenziert und schließt durch Verallgemeinerung vom Einzelnen auf das Ganze. Dumm wie Vieh, wenn man es zuspitzen will. Die Masse ist so emotional, dass sie argumentativen Auseinandersetzungen gegenüber nicht aufgeschlossen ist. Schlimmer noch: Sie ist anfällig für Beeinflussungen und impulsiv in ihrer Aktion. Wenn sie sich eine Meinung bildet, dann ist das mit einer geistigen Ansteckung zu vergleichen und führt, so le Bon, zu „religiösem" Glauben. Und deshalb ist die Masse anfällig für einen Leithammel, einen „Führer". Le Bon schätzt die Masse insgesamt sehr kritisch ein, war nicht als Freund demokratischer Prozesse bekannt und spitzte maximal zu.

Trotzdem sind seine Gedanken interessant und sie lassen sich auch wunderbar auf das Börsengeschehen übertragen. Der Leithammel ist aber nicht zwingend ein Börsenguru oder Starinvestor, es ist oft der Kurs selbst. Egal, ob der Kurs einer einzelnen Aktie oder eines Index. Wir suchen bekanntlich Bestätigungen für unsere Ansichten. Werden unsere Glaubenssätze durch einen stetig kletternden Kurs bestätigt, kann uns das derart hypnotisch in Bann ziehen, dass der Glaube an die andauernde Rally unumstößlich ist. Diesem Phänomen können wir uns so gut wie nicht entziehen, wir müssen einfach dabei sein. Vor allem dann, wenn der Nachbar oder Arbeitskollege sich mit seinen Erfolgen brüstet und alles so leicht erscheint. Denken Sie nur an die Zeiten des Neuen Marktes. Damals ging es, wenn wir ehrlich sind, den meisten von uns so. Die Hausse nährt die Hausse, sagt eine alte Börsenweisheit. Wir werden mitgerissen, wenn die Herde losgaloppiert.

Natürlich rennt sie nicht immer in die gleiche Richtung. Mal geht es aufwärts, dann wieder abwärts, manchmal auch seitwärts. Doch wann? Und vor allem: wie lange? Wann die Stimmung dreht, das gehört zu den großen Rätseln der Börse. Doch die Muster ähneln sich. Eine gute Börsenphase – auch Hausse genannt – läuft in etwa so: Nach einer längeren Durststrecke sind die Kurse am Boden, der Markt ist leer gefegt, die Umsätze sind gering. Wenn dann allmählich die Stimmung dreht – warum auch immer – steigen die Kurse schon bei geringsten Käufen. Steigende Notierungen ziehen weitere Investoren an und die Kurse klettern weiter. Dann springen getreu der Massenpsychologie die Trittbrettfahrer und schließlich die Mitgerissenen auf den fahrenden Zug auf. Die Rally gewinnt an Fahrt. Die Optimisten, Analysten, Fondsmanager und selbst ernannten Gurus jubilieren, sie alle hatten recht mit ihren euphorischen Prognosen.

Mit Trends ist das so eine Sache. Viele Menschen sperren sich zunächst gegen einen neuen Trend, zweifeln an ihm, wollen ihn nicht wahrhaben. Doch dann setzt der Herdentrieb ein. Immer mehr Menschen um uns herum folgen dem Trend. Und schließlich sind wir es selbst, die den Trend weiter vorantreiben und befeuern. Das ist nicht nur an der Börse so, sondern passiert in allen Lebensbereichen. Denken Sie nur an Modetrends. Ich kenne einen Mann, der viel wert auf sein Äußeres legt, sich gerne neue Sakkos, Hosen, Hemden oder Accessoires kauft. Als aber vor einigen Jahren die extrem figurbetonten Anzüge Einzug in die männlichen Kleiderschränke hielten, rümpfte er die Nase. Unsinn, Kinderanzüge, unbequem und albern aussehend, war monatelang sein niederschmetterndes Urteil. Doch dann liefen im Büro immer mehr Männer mit diesen Uniformen rum, allen voran der Chef. Sie ahnen bereits, was passierte. Unbequem findet er seinen „klitzekleinen Anzug" übrigens noch immer. Aber wie heißt es so schön? Wer schön sein will, muss leiden.

Ein anderes Beispiel sind technologische Innovationen. Als die ersten Smartphones auf dem Markt kamen, fanden wir die zwar interessant, aber wer brauchte all den Schnickschnack schon? Heute bekommen wir Entzugserscheinungen, wenn dem Minicomputer mal der Strom ausgeht, und gieren ständig nach dem nächsten Modell.

Beide Beispiele zeigen: Wenn sich eine Innovation, ob nun Hightech-Produkt oder die neue Kollektion eines Modedesigners, allen Zweifeln zum Trotz doch noch als Erfolg erweist, sehen sich die meisten Kritiker über kurz oder lang gezwungen, sich dem neuen Trend anzuschließen. Gerade an der Börse springen viele aber zu spät auf den Trend auf. Er ist schon fast wieder vorbei, wenn die letzten Anleger mitgerissen werden. So sehr wir auch Trends folgen wollen, verfallen wir an der Börse dem Herdentrieb, dann geht das meistens schief. Langfristig gewinnt nur, wer sich der Massenmeinung entzieht. Denn wenn alle der Meinung sind, eine bestimmte Aktie, eine bestimmte Branche, ein bestimmter Fonds werde in Zukunft die beste Entwicklung hinlegen, ist die Rally mit Bestimmtheit größtenteils gelaufen.

In der Industrie ist das nicht anders. Auch den „klitzekleinen Anzug“ haben schließlich nicht alle Bekleidungshersteller gleichzeitig auf den Markt gebracht. Einer fängt an, der Trend entsteht, immer mehr machen mit. Manche springen auch hier erst spät auf den Trend auf und kaum haben die Mitgerissenen ihre Modelle oder Maschinen auf den jüngsten Trend umgestellt, stellen sie auch schon fest, dass der Markt gesättigt ist und die nächste Modeerscheinung längt in den Startlöchern steht. Eine technische Innovation löst alte Neuerungen ab, die nächste Kollektion hängt in den Läden, eine wissenschaftliche Theorie rüttelt die Fachwelt auf und schon wiederholt sich das Wohl und Wehe eines Trends. Die ersten Börsianer haben längst die nächste Modebranche ausgemacht und schichten ihre Engagements um, wenn die letzten Zweifler endlich vom alten Trend überzeugt sind und einsteigen.

Nur wann ist es so weit? Oft hält ein Trend nämlich länger als gedacht, eben weil auch andere Marktteilnehmer ihn erkannt haben und ein Stück des Kuchens abhaben wollen. Mal wieder sind es unsere mentalen Abkürzungen wie die Repräsentativitätsheuristik oder die Verfügbarkeitsheuristik, die uns ein klares Muster erkennen lassen. Sehen wir einen Aufwärtstrend, können wir uns kaum vorstellen, dass er zeitnah enden könnte. Und wie so oft neigen wir dazu, aktuellen Nachrichten – und die sind in dieser Marktphase außerordentlich gut – zu viel Gewicht zuzugestehen. Negative Meldungen blenden wir aus, weil sie so gar nicht in unser Bild passen. Wir und fast alle anderen Marktteilnehmer mit uns haben einen Tunnelblick. Genau das ist der Moment, in dem es gefährlich wird. Nur dass wir diese Gefahr weder hören noch sehen wollen.

Unsere Stimmung sendet Warnsignale

Warnsignale senden sogenannte Sentiment-Analysen, wie sie beispielsweise die Analysehäuser Sentix oder Cognitrend und auch Handelsblatt Online regelmäßig liefern. Die Experten bestimmen in

Umfragen unsere Emotionen zwischen Angst und Gier. Ihre Stimmungsindikatoren zeigen, in welcher Phase sich der aktuelle Trend gerade befindet und lassen Prognosen für die kommenden Wochen und sogar Monate zu, die überraschend treffsicher sind. In der Frühphase eines Booms herrscht meist handfeste Skepsis, obwohl sich die Kurse bereits langsam erholen. Es gibt noch immer viele Anleger, die gegen die Bewegung halten. Für die Sentiment-Experten ein positives Signal. Denn unsere Emotionen sind ein Kontraindikator für das kurzfristige Börsengeschehen. Wenn die Kurse weiter steigen, verstärkt sich die allgemeine Skepsis erst einmal noch. Wir glauben bei anziehenden Kursen noch relativ lange daran, an der Börse nur heiße Luft zu sehen und dass die Kurse schon bald wieder zurückfallen. Doch die Wahrheit sieht schon anders aus.

Uns überzeugen letztendlich aber nicht ökonomische Daten, sondern unsere Zweifel schwinden oft erst dann, wenn eine schiefgelaufene Anlage oder gleich unser ganzes Depot die Nulllinie überschreitet. Oder wenn der Nachbar uns von seinen Börsengewinnen erzählt. Selbst wenn uns die größten Zweifel am Aufschwung geplagt haben, wechseln wir nun doch in das Lager der Bullen. Wenn der Trend noch ein wenig weiter läuft, haben wir zwar die ersten Gewinne verpasst, nehmen aber noch einen Teil der Aufwärtsphase mit. Unsere Stimmung wird immer besser, wir werden euphorisch, vielleicht sogar gierig.

Die Anziehungskraft der Börse wird immer größer und lockt langsam, aber sicher auch die größten Zweifler aufs Parkett. Die Börse scheint eine Einbahnstraße zu sein, die Möglichkeit eines Kursrücksetzers existiert nicht mehr. Zu den Hochzeiten des Neuen Marktes waren selbst eingefleischte Sparbuch-Sparer plötzlich Anteilseigner irgendwelcher Internet-Buden, die schneller Geld verbrannten, als das ein Hochofen bei ThyssenKrupp in Essen geschafft hätte.

In solchen Boomphasen gewinnt der Glaube an ein neues Zeitalter Auftrieb. Die Bewertungen der börsennotierten Unternehmen entfernen sich immer weiter vom fairen Wert. Wir legen ganz neue Maßstäbe an, legen uns Rechtfertigungen für astronomische Kurs-Gewinn-Verhältnisse zu. Der Ruf des leichten Geldes wird lauter. Wir kaufen Aktien, weil wir glauben, bald einen noch Dümmeren zu finden, der einen noch höheren Preis bezahlt. Mit langfristiger Geldanlage hat das längst nichts mehr zu tun. Wir rennen mit der gierigen Herde mit.

Es ist natürlich ein naheliegendes Verhalten, zu kaufen, wenn alle kaufen. Was alle machen, kann doch nicht falsch sein. Es kann allerdings gefährlich werden, auf die Sicherheit der Herde zu vertrauen und sich von der Euphorie anderer mitreißen zu lassen. Ist die Stimmung an den Börsen nämlich zu überschwänglich, könnte die Party bald vorbei sein. Wenn die Sentiment-Experten Gier und Euphorie messen, ist das ein klares Alarmsignal dafür, dass die Märkte zu heiß gelaufen sind und zumindest eine kurzfristige Korrektur bevorsteht. Wenn dann auch noch Zeitungen und Zeitschriften, die eigentlich nur in Randnotizen über die Börse berichten, plötzlich mitjubeln, wird es gefährlich. Börsianer sprechen vom Bild-Indikator. Der besagt, dass die Hausse mehr oder weniger beendet ist, wenn die Bild-Zeitung auf Seite eins von der Rally berichtet.

Häufig werden auf den Titelblättern dann runde Zahlen hinausposaunt. Dax 10.000, 12.000 oder gar 15.000 – Anleger erliegen immer wieder der Magie solcher runden Zahlen. Dabei ist es doch im Grunde egal, ob der Dax bei 9.998 Zählern oder bei 10.000 Punkten notiert. An seiner Bewertung ändert das nur marginal etwas. Auch das ist natürlich psychologisch zu erklären. Wir werfen unsere mentalen Anker eben lieber bei runden Zahlen. Das Gleiche machen wir übrigens mit unseren Stop-Loss-Orders. Die Verkaufsaufträge, die unsere Gewinne sichern oder uns vor Verlusten retten sollen, setzten wir auch gerne bei 20 oder 30 Euro, selten aber bei 20,42 oder 30,67 Euro. Deshalb passiert es auch immer wieder, dass – sobald eine runde Marke nach unten durchbrochen wird – unzählige dieser Verkaufsorders für den Notfall ausgelöst werden, die Kurse weiter unter Druck geraten und weitere Anleger mitreißen. Die Herde läuft immer schneller und schneller.

Mancher Investor lässt sich übrigens auch absichtlich mitreißen: Es gibt ganze Heerscharen von Anlegern, die ganz bewusst zu Trittbrettfahrern geworden sind. Trendfolger analysieren Aktiencharts und Börsenumsätze, suchen nach Indikatoren, die auf einen neuen Trend oder gar die Umkehr eines bestehenden Trends hinweisen. Ihre Modelle sind streng mathematisch und schalten jegliche Emotionen aus. Computerprogramme suchen die Märkte nach Mustern ab, in deren Folge die Kurse regelmäßig entweder steigen oder fallen. Eines der bekanntesten Trendfolgemodelle entwickelte Anfang der 1980er-Jahre der amerikanische Rohstoffhändler Richard Dennis. Es basiert auf der einfachen Regel, einen Wert zu kaufen, wenn der Preis über sein höchstes Niveau der vergangenen 50 Tage steigt, und ihn zu verkaufen, wenn der Preis unter sein 50-Tages-Tief fällt.

Eine wunderbar einfache Regel. Statt sich also mit viel Mühe und Fleiß durch Geschäftsberichte, Kennzahlen und Unternehmensnachrichten zu kämpfen, müssen Sie eigentlich nur noch auf Chartsignale achten. Der Gedanke dahinter: Wer einem Trend folgt, gewinnt immer. Steigen die Märkte, bleiben die Trittbrettfahrer investiert. Wenn die Kurse aber purzeln und den bestehenden Aufwärtstrend durchbrechen, dann steigen sie aus und lassen die Kurse erst einmal weiter fallen. Und solange sie noch keine klaren Anzeichen für eine Trendumkehr sehen, steigen sie auch nicht wieder ein. Schließlich ist es eher unwahrscheinlich, dass Anleger genau den Zeitpunkt zum Einstieg erwischen, ab dem die Kurse wieder steigen. Anders ausgedrückt: Gewinne laufen lassen und Verluste vermeiden.

Diese Strategie fußt auf der simplen Tatsache, dass die Mehrzahl der Anleger vorgibt, in welche Richtung sich die Börse bewegt. Da sich der Markt nicht irrt, werden Anleger, die entgegen der Herdenrichtung laufen, niedergetrampelt – so die Theorie. Klingt genial. Aber so einfach wie in der großen Hausse der 1980er- und 1990er-Jahre, in der die Regel wunderbar funktioniert hat, ist die Börsenwelt nicht mehr. Trends werden zunehmend kurzlebiger, und wenn wir sie erkannt haben, können sie schon wieder vorbei sein. Grundsätzlich gilt die alte Börsenweisheit „The Trend is your Friend“ zwar noch. Doch sie ist in Krisenzeiten und damit in volatilen Märkten wie in den vergangenen Jahren schwer anzuwenden. Trendfolgemodelle haben in jüngster Vergangenheit oft versagt. Denn einen Trend auszumachen fällt zunehmend schwer.

> „The Trend is your Friend."
> BENJAMIN GRAHAM

Die Stimmung an den Börsen drehte in den Krisenjahren immer wieder rasend schnell – besonders die Abstürze kamen sehr überraschend und waren extrem heftig. Vor allem wenn knallte, schafften viele Anleger den Absprung nicht. Sie konnten nur noch zusehen, wie ihr Depotwert dahinschmolz, und verkauften viel zu spät. Die gleichen Privatanleger dürften aber auch die Trendwende verpasst haben. Als die Börse wieder durchstartete, waren sie nicht investiert.

Ich bin keine Freundin solcher Strategien. Natürlich freue ich mich, wenn ein Trend meinen Depotwert nach oben treibt und ich vom Herdentrieb profitiere. Grundsätzlich investiere ich aber lieber langfristig, weil ich überzeugt bin, dass Privatanleger Trends nie wirklich optimal spielen können. Selbst wenn wir sie erkennen und fast perfekt analysieren, werden uns unsere Emotionen einen Strich durch die Rechnung machen. Es könnte uns die Gier packen, weshalb wir zu lange investiert bleiben und schließlich erst im Kursrutsch, wenn der Trend vorbei ist, aussteigen. Oder wir steigen viel zu früh aus, weil uns Zweifel kommen. Kann das wirklich so lange gut gehen? Emotionslos zu handeln ist eben sehr, sehr schwer. Oder um es mit dem legendären Sir John Templeton zu sagen: „Zu kaufen, wenn andere verzweifelt verkaufen, und zu verkaufen, wenn andere gierig kaufen, erfordert größte innere Stärke und macht sich am meisten bezahlt.“ Übrigens auch ein Plädoyer dafür, nicht der Hektik zu verfallen.

Der Gierige

Der Spieler

Der Größenwahnsinnige

Der Mitgerissene

Der Hektische

Der Verdränger

Der Verliebte

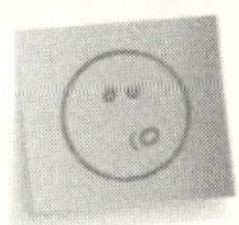

Der Leichtgläubige

Der Ängstliche

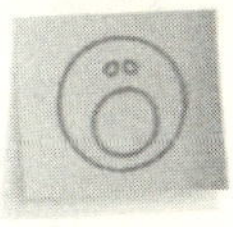

Der Panische

DER HEKTISCHE

Das Treiben an der Börse kann ganz schön nervenaufreibend sein. Ganze Märkte rauschen an nur einem Tag um drei, fünf oder mehr Prozent in die Tiefe, einzelne Aktien verbuchen Kursverluste im zweistelligen Prozentbereich. Oft relativieren sich solche Ausschläge in den folgenden Tagen wieder, aber eben nicht immer. Viele Anleger können solche Börsentage kaum ertragen und schmeißen die Wackelaktien aus dem Depot. Wenige Tage später ärgern sie sich dann.

Vermögensberater und andere Börsenprofis raten deshalb in der Regel, langfristig zu denken. Sie empfehlen, in Aktien großer und verlässlicher Unternehmen zu investieren – gut gestreut über Branchen und Regionen natürlich – und dann die nächsten Jahrzehnte so gut wie gar nichts mehr zu tun. Dahinter steckt die Überzeugung, dass sich Geduld an der Börse auszahlt und Anleger sich letztendlich über eine ansehnliche Wertsteigerung freuen können. Das funktioniert natürlich nur, wenn sie keine Pleiteaktien erwischen. Schnell Gewinne mitzunehmen, wenn es mit einer Aktie gerade einmal aufwärtsgeht, davon raten die Experten ab. Gewinne laufen lassen, lautet die Devise.

Dieser Ratschlag mag klug sein, nur leider widerspricht er der Funktionsweise unseres Gehirns. Das giert nämlich nach schnellen Belohnungen. Die Dopamin-Rezeptoren in den Belohnungszentren des Gehirns wollen nicht warten. Wissenschaftler haben das mit einem häufig wiederholten Experiment bewiesen. Wenn sie ihre Testpersonen vor die Wahl stellen, sie könnten entweder sofort 30 Euro bekommen oder 50 Euro in vier Wochen, entscheidet sich die Mehrheit für die geringere Summe. Sie verzichten damit auf 20 Euro, dafür erhalten sie das Geld aber sofort. Zwei Neurowissenschaftler der Universität Princeton, Samuel McClure und Jonathan Cohen, konnten mithilfe der Magnetresonanztomografie (MRT) nachweisen, dass durch die direkte Belohnung die emotionalen Zentren des limbischen Systems stärker angeregt werden als durch solche, die in ferner Zukunft liegen.

Evolutionsbiologisch lässt sich das gut erklären. Für unsere Jäger-und-Sammler-Vorfahren ging es ständig um das bloße Überleben. Sie lebten von Tag zu Tag, die kurzfristige Nahrungsbeschaffung war wichtiger als die langfristige Vorratshaltung. Forscher machen unsere Neigung, Belohnungen ohne Verzögerung zu wollen und dabei die Dopamin-Neuronen zum Feuern zu bringen, für diverse Süchte verantwortlich. Und dieses Verlangen nach schnellen Belohnungen lässt uns an der Börse Fehler machen und leider auch hektisch agieren.

Selbst die intelligentesten Köpfe der Menschheit werden an der Börse Opfer ihrer Emotionen und handeln unüberlegt und übereilt. „Die Bahn der Himmelskörper kann ich auf Zentimeter und Sekunden berechnen, aber nicht, wie eine verrückte Menschenmenge die Börsenkurse in die Höhe oder Tiefe treiben kann“, sagte einst Isaac Newton. Der große Physiker hatte gerade schlechte Erfahrungen gemacht und durch hektisches Hin und Her an der Börse viel Geld verloren. Dabei war es anfänglich gut gelaufen: Im Februar 1720 investierte Newton einen geringen Teil seines recht beträchtlichen Vermögens in Aktien der South Sea Company. Dieser 1711 gegründeten britischen Aktiengesellschaft war das Monopol auf den Handel mit den südamerikanischen Kolonien in Spanien

> „Die Bahn der Himmelskörper kann ich auf Zentimeter und Sekunden genau berechnen, aber nicht, wie eine verrückte Menschenmenge die Börsenkurse in die Höhe oder Tiefe treiben kann.“
>
> ISAAC NEWTON

gewährt worden, eine Folge des Spanischen Erbfolgekriegs. Mit seiner Investition lag der Physiker goldrichtig: Der Kurs der Aktie verdreifachte sich innerhalb von drei Monaten. Angesichts seiner stattlichen Gewinne beschloss Newton, seine Aktien zu verkaufen. Er wählte die schnelle Belohnung.

Nun wird Ihnen vielleicht die Stammtischparole „Davon, Gewinne mitzunehmen, ist noch niemand arm geworden" durch den Kopf gehen. Nur leider ist die Geschichte Newtons noch nicht zu Ende. Denn er beobachtete die Aktie weiter und musste zusehen, wie seine Freunde, die ihre Aktien der South Sea Company behalten hatten, immer reicher wurden. Solche Vergleiche lösen Unwohlsein, kognitive Dissonanz, aus und lassen uns hektisch werden. Das war auch im Falle Newtons nicht anders: War seine Entscheidung etwa falsch? Hatte er zu früh verkauft und so auf satte künftige Gewinne verzichtet? Im Juli konnte er der Verlockung nicht mehr widerstehen und investierte erneut – allerdings zu einem deutlich höheren Kurs. Für die Aktien, die er wenige Wochen zuvor zum Kurs von 300 Pfund verkauft hatte, bezahlte er nun 700 Pfund. Dieses Mal gab er sich auch nicht mit einer bescheidenen Summe zufrieden, sondern investierte einen bedeutenden Teil seines Vermögens. Ein schwerer Fehler: Im November war alles vorbei. Die „Südseeblase" war geplatzt.

Newton versuchte zu retten, was nicht mehr zu retten war, und stieg zum Kurs von gut 100 Pfund je Aktie aus. Einen Großteil seines Vermögens hatte er verloren. Zum Glück bezog er als Leiter der königlichen Münzanstalt ein gesichertes Gehalt, sonst hätte es finanziell eng werden können für ihn.[1]

Das Beispiels Newtons zeigt: Als Aktionär müssen Sie immer wieder entscheiden, ob Sie Gewinne laufen lassen oder lieber mitnehmen. Auch wenn Sie auf der Gewinnerseite stehen, können Sie der

1 Hagstrom, Robert G.: *Buffett, Newton, Darwin: Warum Anleger von Physik, Biologie und Co. profitieren*, Kulmbach 2014.

Hektik verfallen. Die sichere Variante wäre es, Gewinne zu realisieren. Denn andernfalls gehen Sie ja das Risiko ein, das Plus im Depot wieder einzubüßen. So hat es Newton gemacht. Allerdings haben Sie auch nur die Chance auf weitere Gewinne, wenn Sie die Aktie behalten. Deshalb raten die Experten, Gewinneraktien die Treue zu halten.

Greife nie in ein fallendes Messer

Noch viel schwieriger ist aber die Entscheidung, ob Sie einen Verlust realisieren – oft die sicherere Variante – oder ob Sie das Risiko eingehen, noch mehr zu verlieren. Wenn Sie sich für die riskantere Variante entscheiden, dann hoffen Sie wahrscheinlich, die angefallenen Verluste wieder wettmachen zu können. Vielleicht denken Sie sogar darüber nach, durch weitere Zukäufe den Einstandspreis zu reduzieren – und (zumindest optisch) die Verluste. Auch das ist nicht ganz ungefährlich. Nicht umsonst heißt eine alte Börsenweisheit: Greife nie in ein fallendes Messer.

Doch selbst wenn sich eine Aktie nicht als fallendes Messer erweist, hat die Strategie, verlustreiche Aktien zu einem günstigeren Preis nachzukaufen, psychologische Tücken. Denn im Laufe der Zeit rückt der ursprüngliche Kaufpreis, unser Referenzpunkt, in den Hintergrund. Wir manipulieren ihn im Grunde durch die Nachkäufe. Wenn wir unser Ursprungsinvestment von 50 Aktien zu 100 Euro pro Stück um weitere 50 Aktien zu 80 Euro ergänzen, liegt unser neuer Einstiegspreis bei 90 Euro. Damit haben wir unseren Referenzpunkt von 100 auf 90 Euro verschoben. Wenn die Aktie dann auf 90 Euro klettert, können wir sie plus/minus null verkaufen. Dass wir unserer Verliereraktien verkaufen, sobald sie ihren Einstandspreis wieder zu Gesicht bekommen, ist ein weit verbreitetes Phänomen – es nennt sich Break-even-Effekt. Das Problem: Fundamentaldaten zählen nicht, nach Gründen für den Kursanstieg suchen wir nicht, über weitere Kurschancen denken wir gar nicht erst nach – nix wie raus aus der Aktie, die so viel Ärger gemacht hat.

Diese Chance hatte Newton nicht. Als die Südsee-Blase platzte, rauschten die Kurse so schnell in den Keller, dass er die Reißleine zog. Hätte Newton nur „Die Verwirrung der Verwirrungen“ von José de la Vega gelesen! Er wäre vielleicht im Frühjahr und Sommer 1720 nicht der Hektik verfallen. De la Vega zählte vor mehr als 300 Jahren vier Grundsätze des Börsenhandels auf, die heute noch gelten. De la Vegas erster Grundsatz lautete: „Man soll niemandem einen Rat erteilen, Aktien zu kaufen oder zu verkaufen, weil da, wo der Scharfblick getrübt wird, auch der wohlwollendste Rat schlecht münzen kann.“ Der zweite Grundsatz: „Man soll jeden Gewinn mitnehmen, ohne Reue wegen entgangenen Nutzens zu empfinden. [...] Es ist klug, sich mit dem zu freuen, was möglich ist, ohne auf Beständigkeit des Zufalls und Gleichmäßigkeit des Glücks zu hoffen.“ Es ist selten gut, entgangenen Gewinnen hinterherzutrauern, wie Newton es getan hat. Das führt wie in seinem Fall zu Fehlentscheidungen. Grundsatz Nummer drei besagt: „Die Börsengewinne sind Koboldschätze: Bald sind sie Karfunkelsteine, bald Kohlen, bald Diamanten, bald Kiesel, bald Morgentau, bald Tränen.“ Und der vierte Grundsatz warnt vor zu viel Hektik: „Wer in diesem Spiel gewinnen will, muss Geld und Geduld haben, da die Kurse so wenig begründet sind; wer die Schläge aushält, ohne über die Widerwärtigkeit zu erschrecken, ähnelt dem Löwen, der den Donner mit Brüllen beantwortet und nicht der Hirschkuh, die, vom Donner betäubt, hinweggeeilt.“[2]

Hin und Her macht Taschen leer

Geduld und nicht Hektik führt zum Erfolg an der Börse. Doch leider schließen viele von uns irgendwann Bekanntschaft mit einer alten Börsenweisheit: Hin und Her macht Taschen leer. Auf der Jagd nach der maximalen Rendite schichten wir unsere Depots immer wieder um. Wir versuchen, immer auf die Anlageklassen zu setzen, die gerade

2 de la Vega, José: *Verwirrung der Verwirrungen*, Kulmbach 1994, S. 66f.

besonders gut laufen. Was nur eine magere Rendite bringt, fliegt erbarmungslos aus dem Depot. Wir trauen uns zu, zu erkennen, wenn ein Trend dreht. Dann schichten sie um – in der Hoffnung auf hohe Kursgewinne mit dem neuen Investment. Schön, wenn diese Strategie aufgeht. Das passiert aber leider nur in den wenigstens Fällen.

Der schlaue Spruch von den leeren Taschen wird sehr eindrucksvoll durch eine viel beachtete Studie von Brad Barber und Terrance Odean, Experten für Behavioral Finance, belegt. Sie untersuchten von 1991 bis 1996 mehr als 66.400 Konten eines großen US-Brokerhauses. Das Ergebnis war eindeutig: „Trading is hazardous to your Wealth", also Trading gefährdet Ihren Wohlstand.[3] Die statistische Untersuchung zeigte, dass diejenigen Investoren, die ihr Depot am häufigsten umschichteten, eine viel geringere Rendite erzielten als die langfristig orientierten Anleger, die kaum Veränderungen vornahmen. Buy-and-Hold-Anleger mit nur zwei Prozent Umschlag jährlich erzielten eine um 50 Prozent bessere Depotentwicklung als die aktivsten Trader mit 258 Prozent Umschlag pro Jahr. Der hektische Favoritenwechsel brachte sie um ihre Rendite. Clever ist es, wenn Sie Ihrer Strategie treu bleiben. Das wissen nicht nur Barber und Odean. Auch Starinvestor Warren Buffett kann der Hyperaktivität vieler Anleger wenig abgewinnen. „Aktivität korreliert an der Börse nicht mit Erfolg", warnt er. Buffett muss es wissen, schließlich gehört er zu den erfolgreichsten Anlegern weltweit. Er hat viele Aktien bereits seit Jahrzehnten im Depot.

> **„Aktivität korreliert an der Börse nicht mit Erfolg."**
> WARREN BUFFETT

Experten warnen vor allem vor den anfallenden Gebühren, die die Rendite schmelzen lassen wie Eis in der Sonne. Bei der ständigen

3 Barber, Brad M.; Odean, Terrance: „Trading Is Hazardous to Your Wealth: The Common Stock Investment Performance of Individual Investors", *The Journal of Finance*, April 2000.

Umschichterei vergessen viele Anleger nämlich gerne, dass bei jeder Order Gebühren – und gegebenenfalls Steuern – anfallen. Wissen Sie ganz genau, was Ihre letzte Order gekostet hat? Falls Ihre Antwort Nein lautet, sind Sie damit nicht allein. Der normale Anleger kennt oft nicht mal alle anfallenden Kostenarten, die beim Hin- und Herschaufeln der Wertpapiere anfallen, geschweige denn die genaue Höhe. Verbraucherschützer warnen deshalb immer wieder, dass bei Wertpapierorders meistens erst einmal Banken und Vermittler auf ihre Kosten kommen.

Obwohl das kein Geheimnis ist, tappen Privatanleger immer wieder in die Gebührenfalle. Vor allem wer – aus welchem Grund auch immer – in Hektik verfällt, denkt nicht mehr darüber nach, was die Aktien- oder Anleiheorder kostet oder dass der Fonds einen Ausgabeaufschlag von bis zu fünf Prozent hat.

Wie stark die Kosten am Vermögen nagen, zeigt das folgende Rechenbeispiel: Investiert ein Anleger 10.000 Euro mit einer jährlichen Rendite von drei Prozent und lässt sie liegen, werden daraus in zehn Jahren 13.439 Euro. Veräußert er die Anteile allerdings nach fünf Jahren, weil er auf eine vermeintlich lukrativere Chance setzen will, verlangt der Fiskus 25 Prozent vom bisher erzielten Gewinn. Von den in diesen fünf Jahren angesparten 11.593 Euro bekommt der Staat Steuern in Höhe von 398 Euro (ohne Solidaritätszuschlag und Kirchensteuer und vorausgesetzt, für die Geldanlage gilt schon die Abgeltungsteuer). Dem Anleger bleiben dadurch nur noch 11.195 Euro, die er neu investieren kann. In diesem Fall müsste er also in den folgenden fünf Jahren schon eine Wertentwicklung von 3,7 Prozent pro Jahr erzielen, damit er nach einem Jahrzehnt ebenfalls über 13.439 Euro verfügt. Das Beispiel zeigt: Kosten sind der größte Feind der Rendite – langfristig, also auf Sicht mehrerer Jahre, aber vor allem auch kurzfristig.

Selbst Investoren, die sich der leidigen Kosten bewusst sind, versuchen immer wieder, durch Umschichten ihre Rendite zu erhöhen –

oder zumindest Verluste zu vermeiden. Die Jagd nach größeren Gewinnen ist aber gar nicht so einfach. Wir wissen zwar, was in der Vergangenheit gut gelaufen ist. Die Renditebringer der Zukunft können wir aber nicht genau vorhersagen. Deshalb besteht die große Gefahr, dass die Renditejäger falsch liegen. Auch das zeigt die Untersuchung von Barber und Odean.

Viele von uns mussten das um die Jahrtausendwende schmerzvoll erfahren. Erinnern Sie sich noch an die Rally der Internetaktien? Jeder wollte dabei sein. Viele, die Mitte der 1990er-Jahre konservative Aktien gekauft hatten, erlagen der Gier und tauschten sie um die Jahrtausendwende gegen Internetaktien. Leider schon viel zu spät, nämlich nahe dem Höhepunkt. Dann folgte der Absturz. Verkauft wurde oft erst zu spät – und damit aus Angst vor noch höheren Verlusten die Erholung verpasst. Privatanleger haben also nicht nur auf das falsche Pferd gesetzt, sondern mussten auch noch für jeden Favoritenwechsel blechen.

Politische Börsen haben kurze Beine

Für noch mehr Hektik sorgen die täglichen Nachrichten. Ob ein über der Ukraine abgeschossenes Passagierflugzeug, die Zuspitzung des Konflikts im Gaza-Streifen oder die erneute Zuspitzung der europäischen Schuldenkrise – die Kurse reagieren prompt und oft auch heftig. Doch politische Ereignisse bringen die Märkte nur kurz aus dem Tritt. Das zumindest besagt die Börsenweisheit „Politische Börsen haben kurze Beine". Schon André Kostolany sagte einst: „Staatsbankrott? Bankenkrisen? Darauf gibt es nur eine Antwort: Viel Lärm um nichts!"

Natürlich wird niemand ernsthaft behaupten, dass politische Entscheidungen grundsätzlich keine langfristigen Auswirkungen auf die Börsen haben. Politik und Finanzmärkte sind in den vergangenen Jahrzehnten immer enger zusammengewachsen – auch wenn sie sich nicht unbedingt besser verstehen. In der Schuldenkrise, die uns diesseits und jenseits des Atlantiks sicher noch Jahre beschäftigen wird, sind es vor allem die Notenbanken, die das Marktgeschehen bestimmen. Doch viele Investoren sind nach wie vor überzeugt, dass politische Kapriolen eben nicht nachhaltig auf die Börsenstimmung drücken. In den Medien finden politische Krisen schnell und viel Aufmerksamkeit, allein schon unter diesem öffentlichen Druck reifen bald Lösungsvorschläge. Die Krisen – denken Sie nur an die Beinahepleiten von Griechenland, Portugal und Zypern – kommen nur in immer kürzeren Zeitabständen auf uns zu. Die Europäische Union rettet und rettet und rettet. Die Kursturbulenzen an den Börsen waren meist recht schnell ausgestanden.

Das ändert aber nichts daran, dass die Politik die Börsen immer wieder Achterbahn fahren lässt. Beispiel europäische Schuldenkrise: Die Interventionsspirale zur Rettung wackeliger Banken und pleitegefährdeter Staaten drehte sich in den Hochzeiten der Krise immer schneller und schneller. Die Politik ließ die Märkte monatelang verrücktspielen. Am 27. Oktober 2011 beispielsweise zündete der Dax ein wahres Kursfeuerwerk. Mehr als fünf Prozent schoss der deutsche Leitindex in die Höhe. Die Börsen feierten die Ergebnisse eines Brüsseler Sondergipfels. Angeführt von der deutschen Bundeskanzlerin Angela Merkel und dem damaligen französischen Staatspräsidenten Nicolas Sarkozy hatten sich die Staats- und Regierungschefs der Euro-Zone zu einem weiterem Hilfspaket für das notleidende Griechenland durchgerungen. An der Börse kam das gut an (siehe Chart auf der nächsten Seite).
Doch die Freude der Anleger währte nur kurz: Zwei Handelstage später stürzten die Märkte jäh ab, der deutsche Leitindex büßte seine Gewinne wieder ein. Völlig überraschend hatte Griechenlands Regierungschef angekündigt, sein Volk über das Rettungspaket abstimmen zu lassen. Die Pleitegefahr des Landes – gerade noch als gebannt geglaubt – war wieder das alles beherrschende Thema.

Solche Kursschübe, die durch politische Ereignisse ausgelöst werden, mögen zwar von begrenzter Dauer sein, aber sie kommen in

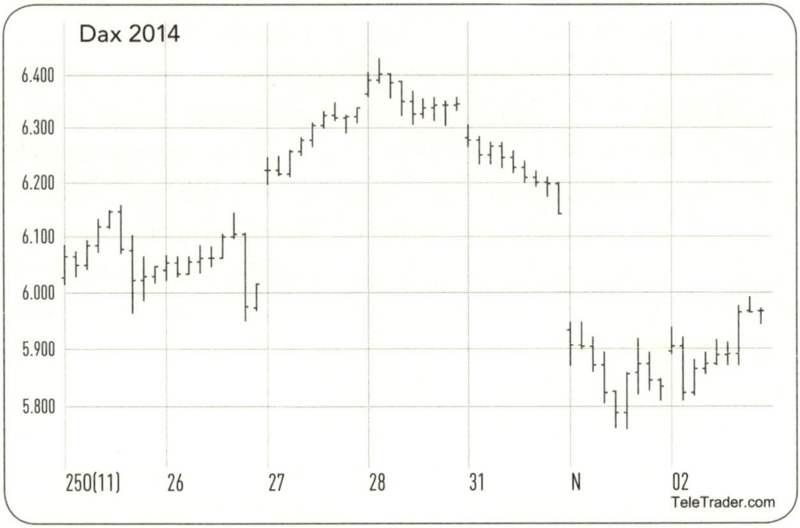

Krisengebeutelter Index

Krisenzeiten fast ununterbrochen und überlagern andere Faktoren – zumindest kurzfristig. Und nicht nur die Häufigkeit der politischen Interventionen nimmt zu, sondern auch die Intensität, mit der die Märkte darauf reagieren, positiv wie negativ. Bewahren Sie also die Nerven. Die Märkte beruhigen sich in der Regel genauso schnell wieder, wie sie in Aufregung geraten sind. Und wenn es mal etwas länger dauert, sollte Ihnen das als Langfristanleger auch nicht allzu viel ausmachen.

Seien Sie sich der Folgen hektischen Handelns bewusst. Hektik ist ein schlechter Ratgeber, vor allem an der Börse. Behalten Sie die Nerven und investieren Sie vor allem nie ohne Strategie. Aber werden Sie auch nicht zum Verdränger: Es ist nämlich auch kein guter Ratschlag, alle Störfeuer zu ignorieren und stur an den eigenen Anlageentscheidungen festzuhalten. Die eigene Strategie von Zeit zu Zeit – und ganz in Ruhe – zu überdenken kann nie schaden.

Der Gierige

Der Spieler

Der Größenwahnsinnige

Der Mitgerissene

Der Hektische

Der Verdränger

Der Verliebte

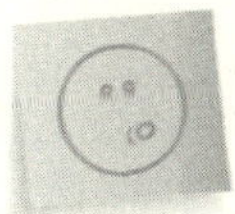
Der Leichtgläubige

Der Ängstliche

Der Panische

DER VERDRÄNGER

Manchen Anleger bringt nichts aus der Ruhe – keine Börsenturbulenzen, keine Hiobsbotschaften aus den Unternehmen, keine kritischen Analystenkommentare und erst recht keine düsteren Szenarien von Crash-Propheten. Er ist fest überzeugt von seinem Engagement. Oft setzten wir nämlich schon beim ersten Anzeichen, dass sich unser Investment – eine Entscheidung, die schließlich mit einem erhöhten persönlichen und vor allem finanziellen Engagement verbunden ist – zum Missgriff entwickeln könnte, die sprichwörtliche rosarote Brille auf. Jede Investition führt zum Verlust unserer Neutralität. Wir nehmen nur noch wahr, was unseren Entschluss in ein günstiges Licht rückt. Wir bewerten neue Informationen mitunter unbewusst über, deuten sie um, spielen sie herunter oder ignorieren sie gleich ganz. Wir tun alles, um das wachsende Gefühl von Dissonanz im Keim zu ersticken. Diese selektive Wahrnehmung ist die optimale Strategie, um bewusst oder unbewusst die Welt der Kognitionen wieder in Gleichklang zu bringen. Geht es um unsere Geldanlage, kann es aber leider teuer werden, wenn wir unangenehme Wahrheiten oder Warnungen verdrängen.

Es ist ein typisch menschliches Verhalten, dass wir stur an einmal getroffenen Entscheidungen festhalten, auch wenn sie sich als falsch erweisen. Wir unterziehen unsere Handlungen einer „scheinlogischen“ Argumentation, und das auch noch im Nachhinein. Übersetzt heißt das: Wir filtern uns lieber Informationen heraus, die uns bestätigen, anstatt jene ernst zu nehmen, die unseren Ansichten widersprechen. Denn Letztere würden die Harmonie zwischen uns und unserer Entscheidung stören. Wir sind aber süchtig nach Harmonie und wollen uns wohlfühlen, auch bei der Geldanlage. Was nicht passt, wird passend gemacht.

Gerade Privatanleger reden sich ihr Engagement schön. Durch diese Schönfärberei bilden wir uns ein, alles unter Kontrolle zu haben. Mögliche negative Folgen unserer Anlageentscheidung bagatellisieren wir. Auch wenn wir das Geschehen an den Weltmärkten nicht beeinflussen können, kommen wir mit dieser Strategie besser mit den unschönen Auswirkungen eines unvorhersehbaren Ereignisses zurecht. Sie haben doch sicher auch schon einmal einen noch nicht realisierten Verlust heruntergespielt. Das Problem dabei: Es ändert sich lediglich die eigene Wahrnehmung; die Realität bleibt leider dieselbe. Trotzdem geht es uns besser.

Eine bewährte Methode ist auch, Ereignisse rückblickend zu erklären. So können wir das Erlebte, also beispielsweise den Kursrutsch unserer Aktie, leichter verkraften und akzeptieren. Ein weiterer Aspekt, der sich auf unsere Harmoniesucht zurückführen lässt, ist unser Umgang mit den Nieten in unseren Depots. Da wir das eigene Versagen ungern zugeben, fällt es uns schwer, eindeutig identifizierte Verlustbringer zu verkaufen. Wir wollen nicht wahrhaben, dass wir falsch gelegen haben.

Es ist die kognitive Dissonanz, die dafür sorgt, dass wir Informationen, die mit unseren Wertvorstellungen nicht übereinstimmen, systematisch ausblenden. Die Ursache für eigene Misserfolge suchen wir deshalb lieber in den äußeren Umständen, für unseren Erfolg übernehmen wir hingegen nur allzu gern die Verantwortung. Jeder Mensch versucht, kognitive Dissonanzen zu vermeiden. Wenn das nicht möglich ist und die innere Harmonie gestört ist, setzen wir alles daran, sie wiederherzustellen. Wir ändern entweder unser Verhalten oder aber unsere Einstellung – je nachdem, was gerade einfacher geht. Naheliegend wäre es natürlich, die Entscheidung rückgängig zu machen, die uns so viel Unwohlsein bereitet. In der Realität ist das aber leider nicht immer so einfach. Haben Sie beispielsweise die

Aktie eines Modeunternehmens gekauft und erfahren einige Monate später, dass die Shirts und Hosen von Kindern genäht werden, können Sie sich relativ leicht aus moralischen Gründen von diesem Engagement trennen. Vor allem wenn die Aktie gut gelaufen ist. Haben Sie aber eine Aktie gekauft, die sich einfach nur schlecht entwickelt, und Sie haben keine moralischen Bedenken, dann fällt es Ihnen schon schwerer, die Reißleine zu ziehen. Denn diese Revision Ihrer ursprünglichen Entscheidung hat materielle – wie die Transaktionskosten – und gegebenenfalls immaterielle Folgen – Sie gestehen sich Ihr Fehlinvestment ein –, die wiederum kognitive Dissonanz auslösen. Ihr Unwohlsein würde verstärkt.

Glaubenssätze geben Sicherheit

Wir suchen ständig nach Möglichkeiten, solche Spannungszustände zu beseitigen. Revidieren, Umdeuten, Ignorieren oder Verdrängen – wir finden in der Regel einen Weg, um die Dissonanz aufzulösen. Weiße Flecken auf der kognitiven Landkarte verunsichern Anleger. Wir streben intuitiv nach Sicherheit – der fleißige deutsche Sparer mit seiner Vorliebe für Tages- und Festgeld erst recht. Das Streben nach Sicherheit hat uns und vor allem unseren Vorfahren über die Jahrtausende das Überleben garantiert. Weil unser Gehirn das so gelernt hat, ersetzen wir Unsicherheiten gerne durch sogenannte Glaubenssätze. Solche Glaubenssätze lauteten in den Hochzeiten der europäischen Schuldenkrise beispielsweise „Die Eurozone wird nicht auseinanderbrechen“ oder aber „Der Euro wird um jeden Preis gerettet und bleibt deshalb stabil“. Mit solchen allgemein akzeptierten Dogmen holen wir uns die notwendige Sicherheit für unsere Anlagestrategie. Wir laufen allerdings auch Gefahr, dass dieses Marktdogma sich schlagartig auflöst, weil es eben falsch war, und es zu großen Verwerfungen an den Weltbörsen kommt. Der legendäre Investor André Kostolany beschrieb es einst so: „Das Gefährlichste an der Börse ist die Überraschung.

Dabei können nur die wenigsten Börsianer ihre Ruhe und Objektivität bewahren."

Wie wir eine Aktie oder die aktuelle Marktlage einschätzen, hängt sehr stark davon ab, wie wir positioniert sind. Das ist an der Börse nicht anders als beispielsweise im Sportstadion. Stellen Sie sich ein Foul beim Eishockey vor. Ein Spieler von Mannschaft A verpasst seinem Gegner einen verbotenen Ellbogencheck. Der Schiedsrichter hat das gesehen, pfeift ab und vergibt eine Strafe. Die Fans von Mannschaft A werden sich furchtbar aufregen. Ellbogencheck? Das haben sie ganz anders gesehen. Sie fühlen sich und ihr Team ungerecht behandelt. Die Fans von Team B hingegen haben das geahndete Fehlverhalten natürlich gesehen und sind außer sich. Gut, dass der gegnerische Spieler auf die Bank muss. Beide Fan-Lager haben Dasselbe gesehen, aber völlig unterschiedlich wahrgenommen.

Ähnlich nehmen wir beispielsweise Unternehmensmeldungen wahr. Je nachdem, ob wir die Aktie des Unternehmens gerade gekauft oder verkauft haben, deuten wir die Meldung über Entlassungen oder hohe Abschreibungen anders. Sind wir noch investiert, sehen wir eine Wende zum Guten, goutieren, dass Altlasten endlich abgearbeitet werden. Haben wir gerade erst verkauft, sehen wir uns bestätigt wegen der großen Krise und der dramatischen Zahlen.

Dabei filtern wir mit dem geringstmöglichen Aufwand die uns wichtigsten Informationen aus der Fülle aller Nachrichten heraus, aber leider nicht immer die richtigen. Wir wollen schnell zu einem Ergebnis kommen, das zu unseren Einstellungen, unserem Engagement, passt. Die Mechanismen, die wir dazu einsetzen, sind die Heuristiken. Mal denken wir in Schubladen, ein anderes Mal greifen wir zu Faustregeln. Das Ziel ist immer das Gleiche: Wir wollen die Komplexität reduzieren. Wir suchen nach einfachen Erklärungen, akzeptieren den erstbesten Grund – Vereinfachungsheuristik nennen Experten das.

Dabei sind wir aber auch kleine Nachrichten-Junkies. Neuigkeiten interessieren uns brennend. Die Reihenfolge, in der wir Informationen aufnehmen, übt einen Einfluss auf die Wahrnehmung, Erinnerung und Gewichtung aus. Doch auch hier greifen wir zu verschiedenen Heuristiken: Der Rezenzeffekt beschreibt unsere Neigung, den zuletzt genannten Informationen mehr Gewicht zu geben als früheren Informationen. Beim Primäreffekt ist es genau andersherum. Die erstgenannte Information brennt sich bei uns ein und hat größeren Einfluss, als sie es im Zweifelsfall verdient.

Oder wir nutzen nur leicht zugängliche Informationen, schließlich wollen wir schnell ans Ziel kommen. Ein Spezialfall dieser Verfügbarkeitsheuristik ist die mentale Buchführung, das „Mental Accounting". Der Begriff geht ebenfalls auf den Ökonomen Daniel Kahneman zurück. Wir führen im Kopf Buch – für jedes Vorhaben, jedes Investment legen wir ein mentales Konto an. Wir haben nie all unsere finanziellen Verpflichtungen oder Engagements im Kopf, sondern betrachten jedes Projekt separat. So kommt es auch, dass wir Ausgaben für Kleidung oder unsere Hobbys ganz anders wahrnehmen als beispielsweise für Lebensmittel oder Miete. Auch durch diese mentale Kontoführung machen wir es uns einfacher und verlieren nicht den Überblick – Fachleute sprechen von Komplexreduzierung. Leider verlieren wir dabei mögliche Abhängigkeiten zwischen einzelnen Engagements aus den Augen. Stellen Sie sich vor, Sie arbeiten bei einem börsennotierten Unternehmen und haben jede Menge Aktien Ihres Arbeitgebers im Depot. Zwei Konten, die aber schnell zu einem einzigen große Problem werden, wenn das Unternehmen in Schieflage gerät, Sie Ihren Job verlieren und gleichzeitig die Aktie abschmiert.

Auch ohne dass Sie in diese doppelte Abhängigkeit geraten, kann separate Buchführung an den Finanzmärkten fatale Folgen haben. Wenn wir unsere einzelnen Depotpositionen mental völlig getrennt voneinander wahrnehmen, vernachlässigen wir die Abhängigkeiten zwischen unseren jeweiligen Investments. Selbst wenn jede Aktie in unserem Depot für sich genommen eine kluge Anlageentscheidung gewesen sein mag, kann sich mit Blick auf unsere gesamte Geldanlage oder sogar unsere finanzielle Absicherung (die Aktien vom Arbeitgeber) ein ganz anderes Bild ergeben. Mitunter sind die einzelnen Positionen in hohem Maße voneinander abhängig und entwickeln sich deshalb im Gleichklang. Wer nur in Pharma-Aktien investiert, weil diese Branche gerade sehr gut läuft, geht ein hohes Risiko ein. Leidet eine Aktie, leidet wahrscheinlich gleich das ganze Depot – Risikostreuung ist das nicht.

Nach der Prospect Theory hat jedes mentale Konto einen eigenen Referenzpunkt – bei Wertpapieren ist das in der Regel der Einstiegskurs. Wenn wir die Konten nun völlig losgelöst voneinander betrachten, kann es passieren, dass wir je nach Konto ein völlig unterschiedliches Risikoempfinden haben und auch entsprechend agieren. Leider neigen wir auch dazu, kleine Gewinne auf verschiedenen geistigen Konten glattzustellen, um einen vielleicht sogar größeren Verlust auf einem anderen Konto nicht realisieren zu müssen. Das hat die dumme Folge, dass wir uns lieber von Gewinneraktien trennen als von den Minderleistern in unserem Depot. Das tut der Gesamtentwicklung unseres Portfolios leider gar nicht gut.

Auch ich habe diesen Fehler schon oft gemacht. Während ich dieses Kapitel geschrieben habe, habe ich nicht nur Besserung gelobt, sondern gleich zwei langjährige Verlustbringer aus dem Depot geschmissen. Die hatte ich nämlich auch ignoriert, verdrängt, manchmal auch schön geredet. Wer verkauft schon gerne mit Verlust? Aber dann hatte es auch etwas Befreiendes. Wenn wir eine Aktie verkaufen, erlischt ein mentales Konto nämlich. Das Geld steckt jetzt in einem Indexfonds, breiter gestreut und hoffentlich cleverer angelegt.

Die Zeit heilt nicht alle Wunden

Natürlich hat es wehgetan, mir meine Fehlentscheidung einzugestehen. Aber deshalb die lahmen Gäule in meinem Depot lassen? Besser nicht! Es widerspricht nur leider unserer Harmoniesucht, uns unser Versagen einzugestehen. Deshalb fällt es uns auch so schwer, eindeutig identifizierte Verlierer aus dem Depot zu werfen. Solange wir die Aktie noch halten, üben wir uns im perfekten Verdrängen. Es sind schließlich nur Buchverluste und die Hoffnung stirbt bekanntlich zuletzt. Ganze Anlegerscharen handeln nach dem Motto „Mit Verlust wird nichts verkauft". Frei nach dem Motto: Die Zeit heilt alle Wunden. Und weil wir uns an diesem Spruch fast schon krampfhaft festhalten, starten wir oft als ambitionierter Investor, enden aber als enttäuschter Langfristanleger. Denn um einen Verlust von 50 Prozent aufzuholen, muss eine Aktie stolze 100 Prozent steigen. Das kann dauern. Und um einen Verlust von 75 Prozent aufzuholen, ist eine Steigerung von 300 Prozent nötig – solche Rallys legen nur die wenigstens Aktien hin. Ich kenne jemanden, der noch seine Verluste aus Neuer-Markt-Zeiten mit sich herumschleppt. Alles wird gut, bestimmt. Allerdings könnte es noch dauern, bis die Papiere 1.900 Prozent zugelegt haben. So viel ist nämlich nötig, um einen Verlust von 95 Prozent aufzuholen. Reine Mathematik, die aber leider auf taube Ohren stößt. Solange die Verluste nicht realisiert sind, können wir sie eben leichter verdrängen.

Um an der Börse zu gewinnen, müssen wir auch Verluste realisieren. Wir wählen aber oft eine andere Option: Wir reden uns unser Engagement schön, kaufen auf niedrigeren Niveau nach und reduzieren den Einstiegspreis. Diesen extrem wichtigen Psychoeffekt aus der kognitiven Dissonanz nennen Experten „Sunk-Cost-Effekt". Wir führen ein Engagement, in das wir bereits Geld, Zeit und geistige Energie gesteckt haben, lieber weiter, als es mit Verlust zu beenden. Solange aus „Buchverlusten" keine realen Miesen werden, geht es uns gut. Damit schließen wir aber andere Investitionsmöglichkeiten erst einmal aus, die ein viel besseres Chance-Risiko-Verhältnis bieten. Auch wenn die Rechnung manchmal aufgeht: Das „Verbilligen" von Minuspositionen kann zu einer ziemlich gefährlichen Portfolio-Zusammensetzung führen. Dessen müssen Sie sich immer bewusst sein, wenn Sie günstiger Nachkaufen. Denn das eifrig nachgekaufte Wertpapier erhält wahrscheinlich eine viel zu hohe Gewichtung im Depot.

Experten wissen: Die Vorstellung, einen Verlust mitzunehmen, ist meist schrecklicher als die Realität. Ich kann das nur bestätigen. Studien haben übrigens bewiesen, dass dies auch für andere Lebensbereiche zutrifft. Wer nicht immer noch mit seiner Jugendliebe zusammen ist, wird sich schon einmal getrennt haben. Oft spüren wir schon relativ schnell nach dem ach so schmerzhaften Schritt eine befreiende Wirkung. Ähnlich ist es bei Börsengeschäften.

Sie müssen sich nicht mehr über die Nieten in Ihrem Depot und die immer größeren Verluste ärgern, sondern können sich über die Gewinner freuen. Und wahrscheinlich schauen Sie auch wieder unvoreingenommen auf den Gesamtmarkt und können sich mit anderen Erfolg versprechenden Wertpapieren beschäftigen. Ihre Gedanken kreisen nicht mehr um die Verlustbringer. Werfen Sie also lieber den Ballast ab, anstatt sich noch mehr von dem Problempapier aufzuladen.

Dass wir Verlustbringer so einfach verdrängen können, lässt sich auch mit unserer abnehmenden Sensibilität erklären: Börsenaltmeister sind sich einig, dass der erste Verlust der beste Verlust ist, weil er noch in einem Rahmen ausfällt, den wir aushalten können. Wenn die Aktie dann immer weiter fällt und der Depotwert von Tag zu Tag weiter schmilzt, schalten wir in den Verdrängungsmodus. Der erste Kursverlust trifft uns noch ziemlich hart, wir hadern mit den Verlusten. Gerät die gleiche Aktie aber erneut stark unter Druck, bedrückt uns das schon nicht mehr ganz so sehr. Wir erleben einen gewissen Gewöhnungseffekt und stumpfen ab. Es klingt paradox, aber je tiefer wir in den Miesen sind, desto weniger stark nehmen wir die Verluste wahr. Wir denken uns: „Darauf kommt es jetzt auch nicht mehr an.“ Würde die Aktie sich allerdings erholen, würden wir das umso stärker wahrnehmen. Nieten bleiben also im Depot, Verluste begrenzen wir viel zu selten. Im Umkehrschluss heißt das leider, dass wir viel risikofreudiger agieren, wenn wir auf der Verliererseite stehen. Sind wir auf der Gewinnerseite, sind wir dagegen viel risikoscheuer. Dieses Phänomen nennen Kahneman und Tversky den „Reflection-Effekt"[1].

Wenn wir immer tiefer und tiefer in die roten Zahlen rutschen, funktioniert unsere rosarote Brille irgendwann nicht mehr. Wir denken darüber nach, die Notbremse zu ziehen. Dummerweise würde das aber bedeuten, dass wir aus Verlusten auf dem Papier echte, unwiderrufliche machen würden. Wir geben damit jegliche Chance auf „Wiedergutmachung" (sprich: Kurserholung) auf und gestehen uns endgültig ein, dass wir versagt haben. Das erzeugt natürlich neue kognitive Dissonanz. Deswegen zögern wir den Entschluss auch so gern hinaus. Wir halten so lange wie möglich an der verlustreichen Aktie fest. Niemand von uns kann sich übrigens im Voraus vorstellen, so lange tatenlos den abschmierenden Notierungen zuzuschauen. Das Phänomen der Verlustaversion weisen wir weit von uns.

Mein Tipp: Folgen Sie der Devise vieler schlauer Investoren, begrenzen Sie Ihre Verluste und lassen Sie Ihre Gewinne laufen. Wenn es Ihnen damit besser geht, setzen Sie Stop-Loss-Kurse, die Sie aber bitte regelmäßig nachziehen und somit die bereits erzielten Gewinne teilweise sichern. Und kaufen Sie niemals nach, nur um sich eine Fehlentscheidung nicht eingestehen zu müssen. Leider führen uns die geistige Buchführung und der Versuch, Komplexität zu reduzieren, oft zum Selbstbetrug. Unsere Wahrnehmung ist verzerrt, wir fällen falsche Urteile. Wir schätzen Chancen und Risiken falsch ein. Besonders gefährlich wird das, wenn wir uns in unsere Aktien regelrecht verlieben.

1 Kahneman, Daniel; Tversky, Amos: „Prospect Theory: An Analysis of Decision unter Risk", *Econometrica*, Vol. 47 (29), S. 263-291, 1979.

Der Gierige

Der Spieler

Der Größenwahnsinnige

Der Mitgerissene

Der Hektische

Der Verdränger

Der Verliebte

Der Leichtgläubige

Der Ängstliche

Der Panische

DER VERLIEBTE

Liebe macht blind, heißt es im Volksmund. Im Überschwang der Gefühle übersehen wir die Fehler und Schwächen unseres neuen Partners. Manchmal sehen wir auch bewusst darüber hinweg und beschönigen andere Charaktereigenschaften. Das gilt für zwischenmenschliche Beziehungen und leider auch für die Geldanlage. Wer sich in eine Aktie verliebt – und glauben Sie mir, das geschieht öfter als gedacht – agiert genauso. Doch die romantische Liebe ist flüchtig und nicht selten folgt darauf die Ernüchterung oder sogar der Katzenjammer. Das kann auch an der Börse passieren – und ist dann leider ziemlich teuer. Vor allem, weil Verliebte sich natürlich stark auf das Objekt ihrer Begierde konzentrieren. Ihre Lieblingsaktie hat schnell einen zu großen Anteil im Depot.

Trotzdem lassen sich Investoren immer wieder von sozusagen monogamen Emotionen leiten. Ein Beispiel: Das Auto ist bekanntlich des Deutschen liebstes Kind. Weil wir eine Vorliebe für Pferdestärken und schnittige Designs haben, finden sich auch die deutschen Autowerte in vielen Aktiendepots. Häufig sind sie sogar übergewichtet. Denn viele Anleger konzentrieren sich bei ihrer Aktienanlage auf einige wenige Branchen, manchmal sogar eine einzige. Sie scheinen verliebt zu sein, sehen rechts und links nichts anderes mehr als ihre Lieblingsaktie. Das ist ein Fehler. Eines der Geheimnisse des erfolgreichen Investierens ist es, sich niemals in eine Aktie zu verlieben.

Experten verwundert die Verliebtheit vieler Börsianer kaum. Aus psychologischer Sicht lässt sich diese Verzerrung hin zu einer Branche – im Börsensprech „Sector Bias“ genannt – leicht erklären.

Informationen einiger Branchen sind präsenter, leichter verfügbar und einfacher zu interpretieren als Informationen anderer. Verfügbarkeitsheuristik nennen Psychologen das. Bei den Autos ist das so: Deutschland besitzt verglichen mit anderen Ländern eine außergewöhnlich hohe Dichte an Automobilunternehmen – vom Zulieferer bis zum Hersteller –, was natürlich zu einer relativ hohen Zahl von Beschäftigten in diesem Bereich führt. Unsere Affinität zum fahrbaren Untersatz ist außerdem weltbekannt. All das führt zu einer intensiven Berichterstattung in allen Medien. Diese leichte Verfügbarkeit vieler verschiedener Informationen über die Autobranche verleitet viele Privatanleger dazu, die globale Bedeutung von BMW oder Daimler zu überschätzen.

Noch extremer ist es übrigens beim Blick in die Depots einzelner Berufsgruppen. Banker greifen verstärkt zu Finanztiteln, IT-Spezialisten bevorzugen Aktien aus ihrer Branche. Und natürlich favorisiert ein Chemiker oder Biologe andere Branchen als ein Telekommunikationsfachmann. Doch diese Verliebtheit ist gefährlich. Wenn wir uns zu sehr auf unseren Arbeitsbereich konzentrieren, steigt nicht nur das Risiko in unserem Depot. Wir setzen noch viel mehr aufs Spiel. Wenn die Sicherheit des Arbeitsplatzes, die Chancen auf Lohnerhöhungen und die Höhe des jährlichen Bonus ohnehin von der Branche abhängen, sollten wir bei der Vermögensanlage das Risiko besser streuen und auch auf andere Industriezweige setzen.

Neben unserem Beruf spielen natürlich auch unsere Hobbys und Vorlieben eine Rolle. Sind Sie ein Modefan? Dann bilden Sie sich wahrscheinlich ein, sich mit Aktien von Modeherstellern wie Hugo Boss oder LVMH besonders gut auszukennen. Sie kennen die Kollektionen und wissen, was angesagt ist, was ankommt, was eher schräg und untragbar ist. Sind Sie ein Autofreak, dann dürften Sie überzeugt sein, dass Sie die Geschäftsmodelle von Volkswagen, Peugeot oder Porsche bestens durchschauen. Welches Modell zum

Verkaufsschlager wird, sehen Sie auf den ersten Blick. Design-Sünden erkennen Sie ebenfalls. Und als leidenschaftlicher Fußballfan investieren Sie vielleicht völlig verliebt in die Aktien „Ihres“ Vereins, sofern er börsennotiert ist. Im Grunde investieren wir in diesen Fällen getreu dem Motto: Kaufe nur, was du auch kennst und verstehst. Das ist übrigens das Motto von Warren Buffett und da ist natürlich auch etwas dran. Nur streut der Superinvestor über viele Branchen, während Privatanleger zum sogenannten Klumpenrisiko neigen. Der Anteil einzelner Werte oder Branchen im Depot ist schlicht zu hoch.

Anders als wir es wahrscheinlich tun, prüft Buffett ein Unternehmen, in das er investieren will, natürlich auf Herz und Nieren. Er lässt sich ganz sicher nicht von Verliebtheit leiten. Schon gar nicht von persönlichen Vorlieben – auch wenn der leidenschaftliche Cherry-Coke-Trinker seit Jahrzehnten bei Coca-Cola investiert ist. Buffett weiß ganz genau, dass er sich bei seinen Anlageentscheidungen nicht von seinen Emotionen leiten lassen darf.

Im Grunde ist uns natürlich klar, dass wir Aktien nicht nach unseren persönlichen Vorlieben oder Befindlichkeiten aussuchen sollten. Trotzdem machen uns regelmäßig unsere Gefühle einen Strich durch die Rechnung. Daher ist es wichtig, einer klaren Investmentstrategie zu folgen, die Fundamentaldaten wie die Bewertung, die Profitabilität und die Preissetzungsmacht eines Unternehmens zu berücksichtigen. Genauso wichtig ist eine klare Exit-Strategie. Wenn die Abwägung von Risiko und Rendite nicht mehr stimmt oder die Investmentidee nicht mehr glaubhaft ist, müssen wir uns von der entsprechenden Aktie trennen. Wenn wir uns aber verliebt haben, werden wir damit einige Schwierigkeiten haben.

Investieren mit der rosaroten Brille

Denn wenn wir emotional zu sehr an ein Engagement gebunden sind, tragen wir die sprichwörtliche rosarote Brille und negative Nachrichten spielen wir herunter oder deuten sie um. Wer frisch verliebt ist, nimmt schließlich auch keine Fehler beim Partner wahr. Kleine Macken tun wir als nette Schrulligkeit ab oder ignorieren sie gleich ganz. Stattdessen prahlen wir vor Freunden mit dem beruflichen Erfolg und der Sportlichkeit unseres Partners. Oft setzten wir die rosarote Brille erst Monate oder Jahre später ab, nicht selten zerbricht die Beziehung dann und wir haben vielleicht sogar Jahre unseres Lebens verschenkt. Auf die Börse übertragen heißt das: Wir haben wahrscheinlich Geld verloren, auf jeden Fall aber bessere Chancen verpasst. Und das nur, weil wir uns unser Engagement schön geredet haben. Dazu neigen auch andere Anlegertypen. Der Leichtgläubige beispielsweise redet das Risiko seiner Anlagen klein. Der Verdränger redet sich seine Verlierer schön. Der extremste Schönredner ist aber auf jeden Fall der Verliebte.

Unseren Aktien sind wir sehr verbunden. Einem Papier, das in unserem Depot liegt, schreiben wir deshalb auch einen höheren Wert zu, als wir es tun würden, wenn wir es neutral bewerten würden. Besitztumseffekt nennen Psychologen das. Generell schätzen wir den Wert eines Gegenstands höher ein, wenn wir ihn bereits besitzen, als wenn wir ihn noch kaufen müssen. Mit der Zeit wächst die emotionale Verbundenheit sogar noch. Mancher Aktionär ist regelrecht stolz, wenn er etwas über sein Unternehmen, seine Aktie hört oder liest.

Doch es sind nicht nur einzelne Aktien oder Branchen, auf die wir uns zu stark fokussieren. Um den Ertrag unserer Geldanlage zu steigern und das Risiko zu minimieren, sollten wir international investieren. Auch das wissen wir eigentlich, trotzdem besitzen wir zu viele heimische Aktien. Experten bezeichnen diese Heimatliebe als „Home Bias“ (siehe Tabelle auf der gegenüberliegenden Seite).

Wie extrem diese Verbundenheit ist, zeigt eine Auswertung der DAB Bank. Die Münchner haben sich den Aktienanteil ihrer Kunden genauer angeschaut. Das Ergebnis ist mehr als eindeutig: 66 Prozent des investierten Geldes steckt in deutschen Aktien. Bei anderen

LAND	AKTIENANTEIL
Deutschland	66,2%
USA	15,6%
Schweiz	3,4%
Großbritannien	3,2%
Kanada	2,1%
Frankreich	1,5%
Niederlande	1,3%
Australien	0,7%
Spanien	0,6%
Japan	0,5%

Quelle: DAB Bank, Stand 30.09.2013

Klare Heimatliebe

Banken dürfte das Resultat ähnlich ausfallen. Natürlich ist Deutschland eine der größten Volkswirtschaften und verfügt über jede Menge hoch kompetenter, innovativer und zukunftsträchtiger Kapitalgesellschaften, doch solche Heimatgewichtungen gehen zu weit. Entsprechend einer weltweit differenzierten Streuung dürfte der Anteil bei höchstens vier Prozent liegen, mahnen Experten. Bei Aktienfonds sind wir übrigens etwas internationaler unterwegs, wie Zahlen des Fondsverbands BVI zeigen. Zwar greifen wir auch hier verstärkt zu Produkten, bei denen überwiegend in Deutschland investiert wird. Doch nur gut ein Viertel des investierten Geldes wird in Deutschland-Fonds gesteckt.

An dieser Stelle muss ich zugeben: Auch mein Deutschland-Anteil liegt über den empfohlenen vier Prozent, deutlich sogar. Ich bin mir der Gefahr sehr bewusst und gebe mir wirklich Mühe, meinen „Home Bias“ langfristig abzubauen. Es gelingt mir jedoch nur langsam. Mit meinen ETF-Sparplänen komme ich einer breiteren Streuung Monat für Monat näher. Doch wenn ich ab und zu in Einzeltitel investiere, dann sind die eben zumeist deutsch. Wider besseres Wissen fahre ich den Deutschland-Anteil im Depot hoch, weil ich mir – wie alle anderen Anleger auch – einbilde, mich mit deutschen Titeln besser auszukennen. Heimatverbundenheit oder sogar Heimatliebe ist ein schönes Gefühl. Aber bei der Geldanlage kann diese Treue gefährlich werden.

Dieses Phänomen ist übrigens nicht nur in Deutschland zu beobachten, sondern überall auf der Welt. Nach einer Untersuchung aus dem Jahr 1991 wurden damals mehr als 90 Prozent der amerikanischen Aktien von US-Bürgern gehalten. Dieser Wert dürfte sich inzwischen allerdings deutlich verringert haben, da heute viele Großinvestoren wie beispielsweise Staatsfonds aus Ölländern oder Asien ganz gezielt in US- und europäische Aktien investieren.

Die Amerikaner legen sich aber nach wie vor zu viele US-Titel ins Depot, so wie auch die Franzosen lieber zu LVMH und Peugeot greifen als zu Hugo Boss oder Daimler, und bei den Schweizern steht natürlich lieber Nestlé auf dem Einkaufszettel als eine deutsche Henkel. Natürlich relativiert sich die Heimatliebe, wenn wir uns die Geschäftsmodelle der Unternehmen genauer ansehen. Mercedes wird natürlich auch außerhalb der heimischen Grenzen gefahren, die Taschen von Louis Vuitton hängen nicht nur an den Armen der Französinnen und Nestlé-Produkte finden Konsumenten mehr oder weniger überall auf der Welt.

Das ändert aber nichts daran, dass wir mit solchen Engagements sehr stark von unserer heimischen Wirtschaft abhängig sind. Das war in den Jahren, in denen unsere Exportmaschine lief wie am Schnürchen, sicher gut. Nur kann sich das auch irgendwann wieder ändern. Und stellen Sie sich vor, Sie wären ein Grieche oder ein Spanier. Die Heimatverbundenheit unserer europäischen Nachbarn in Krisenländern war lange Jahre Gift in den Depots. Unsere Heimatliebe bei der Geldanlage ist nämlich oft so groß, dass wir objektiv gesehen sogar größere Risiken auf dem Heimatmarkt in Kauf nehmen anstatt in wesentlich risikoärmere ausländische Papiere zu investieren. Das sagt auch einiges über unser Risikoempfinden aus: Je mehr wir glauben, das Risiko einschätzen zu können, für umso unwahrscheinlicher halten wir den tatsächlichen Eintritt des Risikofalls. Das gilt auch für einzelne Aktien und Branchen.

Nach den klassischen und oftmals propagierten Regeln der optimalen Geldanlage ist eine möglichst breite Streuung der Anlagen die sinnvollste, weil risikoärmste Variante. An der Börse ist Monogamie keine gute Strategie. Weil Streuung das zentrale Prinzip der Kapitalanlage ist, sollte dort ein Harem-Ansatz verfolgt werden. Der Münchener Vermögensverwalter Gottfried Heller, einst enger Freund und Geschäftspartner von André Kostolany, sagte mir: „Der erfolgreiche Aktionär ist unromantisch, polygam und geht fremd." Dem kann ich mich nur anschließen. Kaufen Sie sich von den Gewinnen, die Ihnen rationales Investieren hoffentlich beschert, lieber die Produkte ihres Lieblingsunternehmens.

> „Der erfolgreiche Aktionär ist unromantisch, polygam und geht fremd."
> GOTTFRIED HELLER

Der Gierige

Der Spieler

Der Größenwahnsinnige

Der Mitgerissene

Der Hektische

Der Verdränger

Der Verliebte

Der Leichtgläubige

Der Ängstliche

Der Panische

DER LEICHTGLÄUIGE

Wer möchte in Zeiten homöopathisch niedriger Zinsen nicht acht Prozent für das Ersparte bekommen? Wenn wir dabei auch noch Gutes tun können, ist das doch wunderbar. So oder so ähnlich müssen viele Anleger wohl gedacht haben, die dem Windparkbetreiber Prokon ihr Geld überwiesen haben. Für sie klang es wie die perfekte Story: eine hervorragende Rendite und gleichzeitig die Energiewende vorantreiben. Doch wenn ein Unternehmen Zinsen zahlt, die so viel höher sind als der Marktdurchschnitt, dann müssen Sie hellhörig werden. Es hat einen Grund, warum der Kupon so hoch ist. Ganz sicher ist das nicht die Großzügigkeit des Unternehmens. Niemand will mehr Zinsen zahlen als unbedingt nötig. Die Formel ist ganz einfach: Je mehr Rendite, desto höher das Risiko. Leider sind viele Anleger zu leicht- und vor allem gutgläubig und übersehen das. Damit bringen sie ihr Erspartes in Gefahr.

Prokon entpuppte sich jedenfalls als Mogelpackung, ob Schneeballsystem oder nicht, das werden findige Anwälte klären müssen. Fakt ist: 1,4 Milliarden Euro deutscher Anleger sind bei Prokon in Gefahr. Einen Großteil davon werden die Investoren wohl niemals wiedersehen.

Auch die sogenannten Mittelstandsanleihen haben Anleger mit hohen Zinskupons angelockt. Auch hier schauten leichtgläubige Anleger nicht so genau hin und setzten ihr Erspartes aufs Spiel. Das Wort „Mittelstand“ suggeriert natürlich Sicherheit, schließlich ist der deutsche Mittelstand das Rückgrat unserer Wirtschaft. Die Anleihen mit dem vermeintlichen Gütesiegel sind bei Investoren vor allem wegen der hohen Zinskupons beliebt. Während Staatsanleihen mit guter Bonität und Unternehmensbonds solider Firmen nur noch Minirenditen bringen, köderten die Mittelstandsanleihen mit saftigen Zinszahlungen. Bei den seit 2010 begebenen Papieren reicht das Spektrum von 4,0 bis 11,25 Prozent. Der durchschnittliche Kupon bei den 2013 emittierten Mittelstandsanleihen lag sogar bei 7,4 Prozent, wie der Emissionsberater Kirchhoff Consult berechnet hat. Zum Vergleich: Für Anleihen von Dax-Unternehmen gab es im Schnitt nur noch gut zwei Prozent.

Doch wie für alle Geldanlagen gilt auch für Minibonds: Wer mehr Rendite einfahren will, muss auch ein erhöhtes Risiko eingehen. Und solche Wetten gehen eben nicht immer auf: Insgesamt zehn Anleihen mit einem platzierten Anleihevolumen von 380 Millionen Euro sind laut Scope im Jahr 2013 ausgefallen. Der Großteil davon entfällt auf den Bereich der Erneuerbaren Energien. Investoren hatten wie bei Prokon oft auf die Energiewende gesetzt und nicht genau hingeschaut.

Bei den Anleihen der Solarunternehmen war es aber wohl weniger Gutmenschentum der Anleger. Hier dürfte die Gier nach hohen Zinskupons die Investoren unvorsichtig werden lassen. Erfahrene Anleger gehen solche Risiken ganz bewusst ein, wenn der risikolose Zins für sie nicht mehr attraktiv genug erscheint. Dieser sichere Zins ist der Zins, der auf dem Markt – also quasi am Bankschalter – gezahlt wird und bei dem nach allgemeiner Ansicht kein Risiko besteht. Es sind also die Zinsen, die für Bundesanleihen, Sparbücher, Tages- oder Festgeld gezahlt werden. Manchen ist also bewusst, was sie tun, wenn sie auf Alternativen wie Mittelstandsanleihen oder sogar die Genussrechte von Prokon setzen. Andere sind einfach nur leichtsinnig. Leichtgläubigkeit kann an der Börse sehr verhängnisvoll sein. Ich kann mich nur darüber wundern, wie naiv viele Menschen ihr Geld anlegen. Aber wenn die Geschichte sich gut anhört und die Rendite vielversprechend ist, setzt eben oft der Verstand aus.

Wie sonst ist zu erklären, dass Anleger ihr sauer verdientes Geld in nachrangige Genussrechte des Windparkbetreibers Prokon investierten? Aktuelle Geschäftsberichte? Fehlanzeige. Solides Geschäftsmodell? Wohl kaum. Und die Finanzierung? Brach zusammen, als zu viele Anleger ihre Genussrechte kündigten. Diejenigen, die noch investiert waren, haben nun das Nachsehen. Prokon rutschte in die Insolvenz, Anleger mussten zittern.

Der Hype um Prokon hatte fast schon sektenartige Züge angenommen, Firmenchef Carsten Rodbertus war verehrt worden wie ein Guru. Die Investorentreffen liefen entsprechend ab. Überhaupt strotzte die Kommunikation mit den Anlegern nur so von Superlativen. Prokon lobte sich selbst in den eigenen Rundbriefen in den höchsten Tönen und diskreditierte seine Kritiker. Dass Anleger Versprechen wie die von Prokon-Chef Rodbertus nur zu gerne glauben, mag man noch nachvollziehen können. Solar, Zukunftsbranche, Energiewende – damit ließ sich ja auch eine wundervolle Wachstumsgeschichte stricken. Nur war die leider heiße Luft.

„Stupid German Money“ oder der Traum vom Oscar

Solche Luftnummern sind natürlich kein deutsches Problem, trotzdem fällt mir dabei das „Stupid German Money“ ein. Ein Begriff, der Ende der 1990er-Jahre aufkam. Damals floss das dumme deutsche Geld zuhauf in geschlossene Investmentfonds – genauer in Medienfonds. Mit den Millionen der Deutschen sollten Blockbuster produziert werden. Viele Anleger träumten wahrscheinlich schon vom Oscar, doch die meisten der teuer realisierten Projekte floppten oder brachten zumindest nicht die erhoffte Rendite. Die Filmbranche – übrigens auch in Hollywood – schüttelte nur den Kopf über so viel Naivität, war zu lesen. Für die meisten Anleger waren diese Fonds ein Minusgeschäft, und das, obwohl sie steueroptimiert waren. Das war ein Grund, warum sie sich so rasend gut verkauften. Richtig schlecht lief es für die Investoren, nachdem die Abschreibungsmöglichkeiten ab 2005 wegfielen. Viele Anleger verloren eine Menge Geld, denn die Fonds hatten hohe Ausgabeaufschläge und laufende Gebühren, die sie nie hereinholten. Im Gegenteil.

Diese steuermotivierte Falschverteilung des Vermögens – Experten sprechen von Fehlallokation – hat in Deutschland eine lange Tradition. In den 1980er-Jahren waren es Bauherrenmodelle, nach der Wiedervereinigung dann Ostimmobilien. In den 1990ern ebenfalls beliebt waren Schiffsbeteiligungen. Alle haben eines gemeinsam: hohe Gewinne für die Initiatoren, Verluste für die Anleger, Plünderung des Staatssäckels und die ordnungspolitische Motivation war nicht nachzuvollziehen. Im Grunde war es bei Prokon und all den Mittelständlern aus der Branche der Erneuerbaren Energien ähnlich. Förderprogramme, Energiewende – da fühlten sich viele Anleger zu sicher.

Es fließt aber auch viel „blödsinniges" Geld in den Aktienmarkt. Nämlich dann, wenn Anleger leichtgläubig den Empfehlungen selbst ernannter Gurus folgen. Es sind selten die Aktien von soliden Unternehmen, die die angeblichen Experten, Insider oder Superinvestoren in Börsenbriefen und Faxen lautstark beziehungsweise tonerstark an den Anleger bringen wollen. Vielmehr trommeln die selbst ernannten Gurus für sogenannte „pump and dump"-Werte – auf Deutsch: hochjubeln und wegschmeißen. Es ist dieselbe Masche, mit der auch der „Wolf der Wall Street" auf Anlegerfang ging.

In den Newslettern werden überwiegend Pennystocks angeboten, also Werte, die fast nichts kosten. Gerne kommen sie auch noch aus einer Trendbranche. Die vermeintlichen Propheten des kommenden Kurszuwachses haben sich natürlich vorab in großen Massen eingedeckt. Es ist immer wieder das gleiche Spiel: Die Prophezeiung erfüllt sich quasi von selbst, weil die leichtgläubigen und gierigen Anleger fleißig kaufen. Der Guru hingegen nutzt seine Chance und verkauft schnell, nachdem die Kurse kurzfristig gestiegen sind. Der Masse der Anleger bleibt nichts anderes übrig, als sich verwundert die Augen zu reiben, wenn die Kurse wieder in den Keller rauschen. Gerade bei Aktien, die im Cent-Bereich notieren, können so Kurse ohne hohen Aufwand beeinflusst werden.

Leider sind das keine Ausnahmen. Es treiben sich einige schwarze Schafe auf dem Markt herum. Die Manipulation von Aktienkursen mittels Börsenbrief oder Newsletter ist nichts anderes als Anlagebetrug – bekannt unter dem Fachbegriff „Scalping". Diese Anlagebetrugsform hat in den vergangenen 10 bis 15 Jahren in Deutschland massiv an Bedeutung gewonnen. Trotz umfangreicher Berichterstattung und vieler Warnungen fallen immer noch Menschen auf Schlagzeilen wie „Garantierter Gewinn in neun Monaten!" oder „Die 1.000-Prozent-Chance" herein.

Selbstverständlich sind die Anleger nicht dumm. Sie wissen oft sogar, dass diese Empfehlungen hochriskant sind. Manche sind sich auch darüber im Klaren, dass es oft nicht mit rechten Dingen zugeht. Trotzdem funktioniert die Masche der Pseudo-Gurus immer wieder. Zum einen weil sie die pure Gier ansprechen, nämlich eine möglichst hohe Rendite versprechen. Wer möchte nicht mit seinem Investment hohe zweistellige Renditen einfahren oder seinen Einsatz sogar verdoppeln oder verdreifachen? Und Gier schaltet nun mal den gesunden Menschenverstand regelmäßig aus. Zum anderen erliegen Anleger ihrer Wunschvorstellung, sie hätten einen tollen Riecher. Schließlich können sie ja – selbst ganz Guru – rechtzeitig aussteigen. Auch der Nervenkitzel ist reizvoll. Geht die heiße Wette auf? Wird der noch unbekannte Pennystock etwa zum Börsenstar – und der Anleger reich?

Vorsicht bei todsicheren Tipps und Schnäppchen

Tappen Sie nicht in diese Psychofalle! Wenn mit 100-Prozent-Chancen geworben wird, müssen Sie hellhörig werden. Genauso, wenn in Zeiten von Niedrigzinsen Unternehmen mit Kupons von acht oder zehn Prozent locken. Stellen Sie sich immer die Frage: Haben die

Banken ihnen vielleicht kein Geld mehr geliehen und deshalb müssen diese Unternehmen sich das nötige Kapital jetzt anderweitig – und viel teurer – besorgen? Reden Sie sich niemals ein Engagement schön, dazu neigen Leichtgläubige nämlich. Sie reden sich das Risiko klein, preisen den vermeintlichen Guru, dessen Tipps sie folgen. Nette Herren lächeln sie aus Newslettern an und sehen ach so solide und vertrauenswürdig aus. Das erinnert mich an den netten Herrn Madoff von der Wall Street, graumeliert, hoch angesehen in der Gesellschaft, aber trotzdem ein größenwahnsinniger Betrüger, dem viele Leichtgläubige auf den Leim gegangen sind. Fragen Sie lieber einmal zu viel nach, prüfen Sie Prospekte lieber mehrmals, aber seien Sie bitte niemals naiv oder leichtgläubig.

Das Problem ist natürlich, dass wir immer erst mit der Zeit wissen, ob wir mit einem Engagement richtig liegen. Marktmeinung, Produktauswahl oder Anlagezeitraum – es kann viel schieflaufen. Finanzdienstleistungsprodukte sind Vertrauensgüter. Ihre Qualität können wir niemals auf den ersten Blick sehen, wir können objektiv nicht feststellen, wie sicher sie sind. Und weil Finanzprodukte reine Vertrauenssache sind, helfen eben auch die vielen Warnungen in den Medien zu anderen, aber vergleichbaren, Produkten oft nicht.

Unseriöse Angebote von seriösen unterscheiden? Das ist gar nicht so einfach angesichts der vielen todsicheren Tipps und Schnäppchen. Jedes Jahr verlieren Anleger rund 30 Milliarden Euro durch dubiose Kapitalanlagen. Das meint zumindest die Stiftung Warentest. Seien Sie also auf der Hut und auf keinen Fall zu leichtgläubig. Aber übertreiben Sie es auch nicht in die andere Richtung. Vor lauter Zweifeln und Angst das Geld auf dem Sparbuch oder Tagesgeldkonto versauern zu lassen ist natürlich auch keine Lösung.

Der Gierige

Der Spieler

Der Größenwahnsinnige

Der Mitgerissene

Der Hektische

Der Verdränger

Der Verliebte

Der Leichtgläubige

Der Ängstliche

Der Panische

DER ÄNGSTLICHE

Die Paradedisziplin deutscher Anleger ist die Spardose. Geldanlage ist aber eher ein Zehnkampf und die Aktie ist eine der wichtigsten Disziplinen, gerade in Zeiten von Minizinsen. Auch wenn ich die Deutschen nicht pauschal als Angsthasen abstempeln möchte, steht fest: Wir sind ein Volk übervorsichtiger, sogar ängstlicher Geldanleger. Der bekannte Investor Christoph Bruns, Chef der Fondsgesellschaft Loys, hat das mir gegenüber einmal als „neurotisches Risikobewusstsein" bezeichnet. Ob neurotisch oder nicht: Viele Börsianer schrecken vor Unsicherheit zurück. Sie wollen wissen, was auf sie zukommt. Die Risikoaversion ist natürlich bei jedem individuell verschieden. Wie niedrig die Risikotoleranz der Deutschen generell ist, lässt sich Jahr für Jahr an den Aktionärszahlen ablesen.

Während wir die Beteiligung an Unternehmen scheuen, spielen wir leidenschaftlich gerne Lotto. Klingt paradox, denn die Chance, dabei einen Gewinn zu erzielen, ist gering. Der Totalverlust des eingesetzten Geldes ist eher die Regel als die Ausnahme. Warum also lieber Lotto als Börse? Ganz einfach: Wir neigen dazu, kleine Wahrscheinlichkeiten überdeutlich wahrzunehmen, während wir mittlere und hohe Wahrscheinlichkeiten untergewichten. Deshalb mögen wir Spiele oder Investments besonders gern, die eine geringe Chance auf sehr hohe Gewinne bieten, uns aber regelmäßig enttäuschende Resultate bescheren, nämlich unterdurchschnittliche Gewinne oder gar den Totalverlust.

Das erklärt auch, warum wir ein Volk von Sparern und Zockern sind. Intuitiv bevorzugen wir Lotto und Pferdewetten, den Kauf von Optionen, Hebelprodukten und sogar Aktien oder Anleihen von

Unternehmen, die kurz vor der Pleite stehen. Forscher haben festgestellt, dass der Hang zu dieser Form von Investments bei Anlegern besonders ausgeprägt ist, die sich selbst als risikoscheu beschreiben. Da kann man sich eigentlich nur wundern. Auch die Übervorsichtigen sind eben nicht gefeit vor Angst und Größenwahn. Genauso wie diejenigen unter uns, die langfristig und deutlich konservativer an der Börse investiert haben, mitunter sehr ängstlich sind.

Wie wir das Risiko einer Geldanlage empfinden, hängt stark mit unserer Einstellung zusammen. Darunter verstehen Psychologen die Bereitschaft, einen Gegenstand – oder eben ein Investment – in einer besonderen Weise wahrzunehmen. Wir bewerten, spüren Zuneigung oder Abneigung. Umgangssprachlich reden wir häufig von Vorurteilen. Das ist so falsch nicht, weil wir sehr oft zu einer Meinung kommen, ohne dass bewusste Gedankengänge dabei beteiligt sind. Wir entscheiden aus dem Bauch heraus.

Es sind aber leider vorgefertigte Meinungen, die uns dann leiten. Die sind uns nicht angeboren, sondern wir haben sie erlernt. Sie werden uns von unseren Eltern, der Schule, Freunden und Vorbildern vermittelt. Vor allem unser direktes soziales Umfeld prägt uns. Experten sprechen von einer „sozialen Referenzgruppe“. Wir wollen so sein wie die Menschen um uns herum. Auch die Medien beeinflussen unsere Einstellungen und das, was wir für gut oder schlecht, richtig oder falsch, riskant oder ungefährlich halten. Dabei ist es leider ziemlich egal, ob wir Stammtischparolen lesen oder einen wissenschaftlichen Bericht. Unsere Einstellungen sitzen sehr tief und lassen sich nicht mal eben schnell ändern. Wir hinterfragen sie auch relativ selten.

Die „Generation T-Aktie“ ist für die Börse verloren

Nicht umsonst sind viele Ex-Aktionäre aus Zeiten des Neuen Marktes noch immer nicht an die Börse zurückgekehrt. Ihre Einstellung, dass die Börse ein Kasino ist, dass Aktien Teufelszeug oder doch zumindest extrem riskante Anlagen sind, scheint wie zementiert. Studien haben immer wieder gezeigt, wie wichtig unsere Erfahrungen für unser Risikoverhalten sind. Wer gute Börsenjahre erlebt hat, wird mit höherer Wahrscheinlichkeit zum Aktionär als derjenige, der mit sinkenden Kursen aufgewachsen ist. Die Ökonomen Ulrike Malmendier und Stefan Nagel[1] glauben deshalb, dass die „Generation T-Aktie" aufgrund ihrer negativen Erfahrungen für die Börsen verloren ist. Die Forscher haben außerdem herausgefunden, dass eigene Erfahrungen schwerer wiegen als Bildung und Börsenwissen. Nichtsdestotrotz ist eine bessere ökonomische Bildung natürlich die Voraussetzung dafür, dass wir überhaupt Erfahrungen an den Kapitalmärkten machen können. Das Fach Wirtschaft ist von vielen Stundenplänen in Deutschland aber leider verschwunden.

Je mehr wir aber über die Börse wissen, desto eher erkennen wir Muster – auch in unserem eigenen Verhalten. Wenn es um die Geldanlage geht, lohnt es sich nämlich, die eigenen Vorurteile zu erkennen, zu analysieren und gegebenenfalls die eigene Einstellung zu ändern. Wie wir an der Börse auf riskante und unsichere Situationen reagieren, ist vor allem davon abhängig, wie viel Risiko und Unsicherheit wir grundsätzlich zu tolerieren bereit sind.

Auch die gefühlte eigene Kompetenz, mit den wahrgenommenen Risiken beziehungsweise Unsicherheiten und Konsequenzen umzugehen, beeinflusst unsere Entscheidungen. Stellen Sie sich einen erfahrenen Skiläufer vor, der überraschend in heftiges Schneetreiben gerät. Er wird das Risiko eines Sturzes, bei dem er sich verletzt, trotz der schlechten Bedingungen viel geringer einschätzen als ein Neuling auf Skiern. Ein geübter Autofahrer wird eine 600-Kilometer-Fahrt auf der Autobahn deutlich entspannter antreten als ein

1 Malmendier, Ulrike; Nagel, Stefan: *Depression Babies: Do Macroeconomic Experiences Affect Risk-Taking?*, Berkeley / Stanford 2009.

Fahranfänger. Anfänger, auch an der Börse, werden schneller unsicher und handeln ängstlich. Wer jahrelang trainiert hat, kann Gefahren realistischer einschätzen. Realität und Wahrnehmung liegen hier deutlich näher beieinander als bei den Neulingen. Wer schon einmal stärkere Kursschwankungen oder gar einen Absturz und die darauf folgende Erholung erlebt hat, wird eher die Ruhe bewahren. Die Angst vor solchen Turbulenzen lässt nach. Vielleicht sind wir sogar irgendwann so weit, sie als Einstiegsgelegenheiten wahrzunehmen, sofern wir Langfristanleger sind.

Übrigens: Ein prinzipiell sehr risikobereiter Extremsportler kann bei der Geldanlage ein richtiger Angsthase sein – hier kennt er sich einfach nicht aus. Das tägliche Auf und Ab kann er nicht einschätzen, er weiß nicht, wie er reagieren soll. Oder ob er überhaupt reagieren muss. Anders als beispielsweise eine steile Skipiste macht ihm ein Kursrutsch Angst. Vielen Anlegern geht es ähnlich. Schwankungen an der Börse setzten sie mit Risiko gleich, Chancen blenden sie oft aus.

Für manchen sind mögliche Verluste in der Zukunft derart verstörend, dass er ihnen am liebsten gleich ganz aus dem Weg geht. Lieber Finger weg von Aktien und bloß kein Investment eingehen, das irgendwann einmal Miese machen könnte. Solche ängstlichen Gesellen lassen am liebsten alles so, wie es ist. Dass sie auf dem Tagesgeldkonto nur noch homöopathische Zinsen bekommen, blenden sie aus.

Verluste lösen stärkere Gefühle aus als Gewinne

Unsere Angst vor Verlusten ist auch darin begründet, dass wir einen Verlust auf unserer imaginären Gefühlsskala zwei bis zweieinhalb Mal stärker wahrnehmen als einen Gewinn in gleicher Höhe. Natürlich ist das ein Durchschnittswert. Das Phänomen der Verlustaversion lässt sich mit der Dissonanztheorie erklären: Während sich Gewinne normalerweise perfekt in unser Harmoniegebäude einfügen – schließlich bestätigen sie unsere ursprüngliche Entscheidung –, erzeugen

Verluste kognitive Dissonanz. Wir fühlen uns unwohl mit ihnen. Das Problem: Verluste stellen unseren ursprünglichen Entschluss infrage. Der Rechtfertigungsdruck ist umso größer, je höher das persönliche Engagement ist.

Geld zu verlieren tut sogar körperlich weh, wie Hirnforscher bestätigt haben. Wenn wir Geld verlieren, wird eine Gehirnregion aktiviert, die auch Angst und physischen Schmerz verarbeitet und sofort Verteidigungsmaßnahmen ergreift. Wir reagieren auf Verluste genauso wie unsere steinzeitlichen Ahnen. Medizinisch betrachtet: Eine große Rolle beim Schmerzempfinden spielt die vordere Inselrinde, die sogenannte „anteriore Insula", in unserem Gehirn. Dieser Teil wird vor allem dann stark durchblutet, wenn wir Verluste erwarten oder auch nur befürchten. Bei risikofreudigen Entscheidungen ist der vordere Teil des Striatums, der sogenannte „Nucleus accumbens" aktiv, der zum Belohnungssystem unseres Gehirns gehört. Hier feuern die Neuronen besonders eifrig, wenn monetäre Gewinne in Aussicht gestellt werden.

Schon die Gefahr großer Verluste verursacht ein Feuerwerk der Neuronen in der sogenannten „Amygdala", die wesentlich an der Entstehung von Angst beteiligt ist. Das hat unter anderen Hans Breiter, Neurowissenschaftler an der Harvard University, in einem Experiment nachgewiesen. Jeder Proband bekam zu Beginn 50 Dollar. Dann wurden ihm drei Glücksräder präsentiert, die jeweils in drei Felder aufgeteilt waren. Das erste war eher ein Verliererrad, denn die Teilnehmer büßten entweder 1,50 Dollar oder sechs Dollar ein und im günstigsten Fall passierte nichts. Das zweite Rad versprach immerhin einen kleinen Gewinn von 2,50 Dollar, einen Verlust von 1,50 Dollar oder null Dollar. Das echte Glücksrad lockte mit zehn Dollar, 2,50 Dollar oder null Dollar. Während sich eines der Glücksräder drehte, maßen die Forscher die Gehirnaktivitäten der Probanden mit der Magnetresonanztomografie (MRT). Beim zweiten und dritten Glücksrad begannen Neuronen in den Belohnungszentren, vor allem im „Nucleus accumbens“, zu feuern, selbst wenn sich das Rad noch drehte. Ein Beweis dafür, dass unser Gehirn auf einen erwarteten Gewinn genauso reagiert wie auf den Gewinn selbst. Gleiches geschieht bei Verlusten. Die Amygdala wird bereits aktiv, noch während das Rad sich bewegt. Bemerkenswert: Die Testpersonen fühlten null Dollar, also nichts, beim Verliererrad als Gewinn, weil sie nichts verloren hatten, beim Superglücksrad aber als Verlust, denn sie mussten auf 10 oder 2,50 Dollar verzichten.

Wie stark uns ein Verlust wirklich trifft, hängt stark von unserer persönlichen Risikoneigung ab und auch davon, in was für einer Situation wir uns gerade befinden. Wenn wir Geld verlieren, das wir gerade dringend brauchen, ist das natürlich besonders schmerzhaft. Einen Millionär wird es hingegen kaum kümmern, wenn er 1.000 Euro verliert. Ebenso wenig wird er sich übermäßig über einen Gewinn in gleicher Höhe freuen. Ein Normalverdiener wird einen Verlust von 1.000 Euro viel stärker spüren und sich über einen Gewinn selbstverständlich auch mehr freuen als der Milliardär. Unsere Risikoaversion hängt somit auch von unserem Kontostand und unserer Anlagesumme ab. Auch deshalb sprechen viele Börsianer oft von ihrem Spielgeld und meinen damit die Summe, die sie bereit sind mit hohem Risiko zu investieren – und gegebenenfalls zu verlieren. In diesem Fall ist der Einsatz – und damit auch das Risiko – nämlich begrenzt. Ähnlich wie beim Lotto.

Grundsätzlich neigen wir aber dazu, uns in allen Lebenslagen für die Alternative zu entscheiden, die die geringste Gefahr birgt, unsere Entscheidung später bedauern zu müssen. Psychologen nennen dieses Phänomen Regret-Aversion, also die Angst vor künftigem Bedauern. Auf die Geldanlage übertragen bedeutet das: Können wir nur eine vage oder gar keine Aussage darüber treffen, wie sich ein Investment künftig entwickelt, wächst der Eindruck, die Situation nicht unter Kontrolle zu haben. Je nach Risikoneigung schrecken wir dann vor einem Kauf zurück.

Chancen werden unterbewertet und Risiken überbewertet
Das ist übrigens auch einer der Gründe, warum wir zu stark auf heimische Aktien setzen – Stichwort „Home Bias". Ungewohntes oder im Falle ausländischer Wertpapiere Unbekanntes hat eine abschreckende Wirkung auf uns. Deswegen konzentrieren wir uns gerne auf Investments, die uns vertraut sind und mit denen wir uns identifizieren können. Wir setzten bei der Aktienauswahl deshalb auch auf den inländischen Markt, wir fühlen uns bei der Beurteilung heimischer Aktien schlicht kompetenter. Von amerikanischen oder gar asiatischen Werten lassen ängstliche Anleger lieber die Finger.

Die Angst vor Verlusten ist übrigens auch der Grund dafür, dass wir Gewinneraktien viel zu früh verkaufen. Diese Gewinnmitnahmen sind unter psychologischen Gesichtspunkten fast schon ein Muss. Sogar wenn wir noch immer fest an unser Engagement glauben und eigentlich mit weiteren Gewinnen rechnen, bekämpfen wir unsere innere Unruhe mit einer Teil-Gewinnmitnahme. Unsere Angst, der schöne Gewinn könnte uns durch die Finger rinnen, ist allgegenwärtig. Gewinne werden deshalb häufig scheibchenweise eingesackt, während wir Verliereraktien – wenn überhaupt – komplett verkaufen. Mehrere Studien haben gezeigt, dass Aktien mit Gewinn signifikant häufiger verkauft werden als Aktien mit Verlust. Dadurch verpassen wir nur leider auch die ansehnlichen Gewinnmöglichkeiten in Trendmärkten.

Wer bei der Geldanlage zu ängstlich agiert, wird Chancen unterbewerten und Risiken überbewerten. Das hat fatale Auswirkungen. In Zeiten, in denen die Notenbanken die Zinsen praktisch abgeschafft haben, gehören Dividendenpapiere in jedes Depot – auch in das extrem konservativer oder extrem ängstlicher Investoren. Leider agieren aber genau diese Anleger frei nach dem Motto: Wenn ich schon im Alltag ständig von nicht beeinflussbaren Risiken bedroht bin, dann gehe ich bei meinen freien Entscheidungen auf Nummer sicher und hole mir nicht noch weitere Risiken ins Depot. Schließlich hat eine reelle und gesunde Furcht schon unseren Vorfahren das Überleben gesichert. Und wie heißt es so schön: Es gibt viele junge mutige Piloten und wenige alte mutige Piloten. Angst kann die Sinne schärfen.

Auch bei der Geldanlage kann uns Vorsicht helfen, Risiken herauszuarbeiten, sie zu bewerten, einzuschätzen und je nach Situation und Chance-Risiko-Verhältnis auch einzugehen. Zu viel Angst wirkt aber lähmend. Und wer in Schockstarre verharrt, ergreift keine Chancen. Ängstliche Entscheidungen gehen auf Kosten reeller Chancen.

Menschen streben intuitiv nach Sicherheit. Doch bei der Geldanlage übertreiben wir Deutschen es: Keine andere Nation verkörpert so präzise eine Gefühlsregung, die über bloße Angst hinausgeht, aber noch nicht in Panik ausartet.[2] Wirklich schädlich für unser Investment ist es aber, wenn genau Letzteres geschieht.

2 Elger, Christian E.; Schwarz, Friedhelm: *Neufinance. Wie Vertrauen, Angst und Gier Entscheidungen treffen*, München 2009.

Der Gierige

Der Spieler

Der Größenwahnsinnige

Der Mitgerissene

Der Hektische

Der Verdränger

Der Verliebte

Der Leichtgläubige

Der Ängstliche

Der Panische

DER PANISCHE

Es gibt Börsenphasen, in denen verlieren selbst die Hartgesottensten unter uns die Nerven. Wenn an den Märkten Panik ausbricht, ist es schwierig, der eigenen langfristigen Strategie treu zu bleiben. Panikartige Verkaufswellen sind nur leider gar nicht so selten. Wenn Sie bereits seit Ende der 1990er-Jahre an der Börse aktiv sind, haben Sie drei massive Crashs und diverse extreme Kursausschläge samt schneller Gegenbewegung miterlebt. Und wahrscheinlich sind auch Sie in Panik geraten. Zumindest bei Ihrem ersten Crash? Mir ging es so, als die Internetblase platzte. Allerdings war damals schon das Schlimmste überstanden und ich habe viel zu spät gekauft. Das passiert Privatanlegern oft.

Turbulenzen gehören an der Börse dazu. Der Ökonom und Wirtschaftshistoriker Charles Kindleberger hat bewiesen, dass sich an den Märkten immer wieder die gleichen Zyklen wiederholen: Es beginnt mit einem positiven Schock, einer Innovation beispielsweise. Dann folgt die Manie, die Spekulationsblase. Alle sind überzeugt, dass die Erfindung die Welt verändern wird, dass es an der Börse nur noch nach oben gehen kann. Und schließlich bricht Panik aus, wenn die Ersten merken, dass dem nicht so ist. Es kommt zum Crash.[1] Mit anderen Worten: Auf eine grenzenlose Börseneuphorie folgt unvermeidlich die Katerstimmung.

Erinnern Sie sich nur an den Hype um die New Economy zur Jahrtausendwende. Eine beispielhaftere Blase gibt es wohl kaum.

1 Kindleberger, Charles: *Manien, Paniken, Crashs. Die Geschichte der Finanzkrisen der Welt*, Börsenbuchverlag, Kulmbach 2001..

Viele erkannten, welch eine bahnbrechende Innovation das Internet war, und glaubten, jetzt habe eine neue Epoche mit neuen Regeln begonnen. Das Internet und alles, was auch nur im Entferntesten dazugehörte, versprachen unendliche Gewinne. Das Volumen der an der Technologiebörse Nasdaq gehandelten Aktien stieg von Juni 1998 bis Juni 1999 um 90 Prozent. Ähnlich sah es am Neuen Markt in Frankfurt aus. Die Formel von der „New Economy", geprägt von Alan Greenspan, dem damaligen amerikanischen Notenbankchef, setzte sich in den Köpfen fest. Eine gigantische Blase pumpte sich an den Märkten immer weiter auf. Doch im Frühjahr 2000 setzte Ernüchterung ein und die Zweifel wuchsen. Muss ein Unternehmen nicht vielleicht doch irgendwann Geld verdienen? Ist eine hohe Cash-Burn-Rate, also die Geschwindigkeit, in der ein Unternehmen Millionen verbrennt, vielleicht doch kein Gütesiegel? Aus Zweifeln wurde Angst, Panik brach aus. Es war ein Crash auf Raten, bei dem Papiere an der Nasdaq 80 Prozent ihres Wertes verloren. Der Nemax, so hieß der Index aller Werte des Neuen Marktes, stürzte sogar um 97 Prozent ab. Viele Unternehmen gibt es heute nicht mehr oder sie wurden aufgekauft. Nur wenige überlebten das Desaster.

450 größere Blasen und Crashs in 360 Jahren

Das Muster ist seit Jahrhunderten immer dasselbe: Auf eine Blase an den Kapitalmärkten, ob nun im 17. Jahrhundert mit Tulpen, im 19. Jahrhundert mit Eisenbahnen oder im 20. Jahrhundert mit Internet-Unternehmen, folgt ein dramatischer Absturz. Das ist systemimmanent, gehört also zum Kapitalismus dazu. Der Ökonom Joseph Schumpeter hat das bereits Anfang des 20. Jahrhunderts erkannt und wissenschaftlich festgehalten.[2] Wie oft solche Blasen wirklich vorkommen, hat die Investmentbank Lazard nachgezählt. Das wohl selbst für Börsianer überraschende Ergebnis: 450 größere Blasen

2 Schumpeter, Joseph Alois: *Theorie der wirtschaftlichen Entwicklung*, 1912.

und Crashs in 360 Jahren zählen die Experten.[3] Eine beeindruckende Zahl, die zeigt, dass die Gefahr allgegenwärtig ist.

Leider lässt es sich nicht voraussehen und schon gar nicht rational erklären, wann die Börsianer sich in eine panische Herde verwandeln und einen plötzlichen Kursabsturz auslösen. Der legendäre André Kostolany sagte einst: „Das Gefährlichste an der Börse ist die Überraschung. Dabei können nur die wenigsten Börsianer ihre Ruhe und Objektivität bewahren. Meistens ist die Ursache eines Börsenkrachs nicht objektive Überlegung, sondern ein massenpsychologisches Phänomen. Einer entdeckt irgendein Problem, so klein es auch sein mag, und das verbreitet sich wie ein Lauffeuer."

> „Das Gefährlichste an der Börse ist die Überraschung."
> ANDRÉ KOSTOLANY

Natürlich gibt es Hinweise, wenn sich eine Blase aufpumpt. Eigentlich ist das ein relativ einfaches Muster – das allerdings vor allem im Nachhinein gut zu erkennen ist. Mitten in der Blasenbildung, wenn die Gefahr eines Crashs immer größer wird, ist das schwieriger. Nicht zuletzt, weil wir die Gefahren nicht sehen wollen, wenn unser Depotwert fast täglich steigt. Auch hier spielen uns unsere Gefühle, unsere Emotionen, einen Streich. Schade um die schönen Gewinne, die im Crash verpuffen. Auslöser für eine Rally mit anschließender Blasenbildung gibt es viele. Wenn wir sie kennen, gelingt es uns hoffentlich, unsere Gewinne ins Trockene zu bringen, bevor der Sturm aufzieht.

Neben zukunftsweisenden Innovationen wie zu Zeiten des Neuen Marktes können das auch politische Maßnahmen sein. Beispiel Solar-Aktien: In diesem Fall hat eine übereilte und übertriebene Regulierung den Boom der Branche an den Märkten befeuert und zumindest

3 Lazar Asset Management: *Bonds, Bubbles und andere Ungereimtheiten* (Hintergrund), Frankfurt, Oktober 2005.

zeitweise für exorbitante Gewinne gesorgt. Eingriffe der Politik durch Fördermaßnahmen wie etwa Steueranreize oder Garantiepreise können an der Börse für satte Gewinne sorgen. Die Förderung des Solarstroms machte die entsprechenden Werte über Jahre zu den absoluten Top-Performern. Doch dann kassierte die Regierung überraschend die Unterstützung – und die Blase platzte. Das Geschäftsmodell der betroffenen Unternehmen geriet in bedenkliche Schieflage, mit den entsprechenden Folgen. Betroffen waren neben Aktionären auch die Investoren in Mittelstandsanleihen jener Unternehmen, die mit der Sonne handelten.

Beispiel Finanzkrise: Seit Ende der 1990er-Jahre bekämpfen die Zentralbanken jeden Crash mit einer expansiven Geldpolitik, also durch massive Zinssenkungen und schier unendliche Liquidität. Das hat auch relativ gut funktioniert, mit Ausnahme Japans allerdings. Kritiker sind aber überzeugt, dass genau diese Politik des billigen und leichten Geldes überhaupt erst die Grundlage für die nachfolgenden Krisen legte. Denn eine dauerhaft expansive Geld- und Kreditpolitik führt auf lange Sicht entweder zu realwirtschaftlicher Preissteigerung oder eben zu Preisblasen. Minizinsen und scheinbar grenzenlose Liquidität setzen eine gefährliche Spirale in Gang, so die Kritiker.

Dieser jüngsten Finanzkrise war eine große Manie vorangegangen, nämlich der Glaube, die Immobilienpreise würden immer weiter steigen und unerwartete Risiken würden keine Rolle mehr spielen. Schließlich verschafften Innovationen im Finanzsektor neuen Teilnehmern Zugang zum Markt und zu gehebelten Investitionsmöglichkeiten. Gemeint sind die damals relativ neuen Möglichkeiten der Verbriefung. Notleidende Immobilienkredite wurden neu verpackt und mit erstklassigen Ratings ausgestattet. So konnten auch deutsche Landesbanken einfach an den Gewinnmöglichkeiten des amerikanischen Immobilienmarkts teilhaben. Doch das ging eben nicht ewig gut.

Die Panik brach aus, als im Jahr 2007 erste Hypothekenbanken in den USA pleitegingen und Fonds in Schieflage gerieten. Der große Knall kam Mitte September 2008 mit dem Zusammenbruch der US-Investmentbank Lehman Brothers. Zwei Wochen später, am 29. September 2008, verbuchte der amerikanische Standardwerte-Index Dow Jones ein Minus von 777 Punkten, in absoluten Zahlen der schlimmste Tag seiner Geschichte. Übrig blieben von dieser Manie Millionen unverkäufliche Einfamilienhäuser in Florida, Nevada und Südkalifornien.

Das sind nur einige Beispiele, doch sie weisen ein Muster auf, das wir erkennen können, wenn wir unsere Emotionen ausschalten. Der Ökonom John Maynard Keynes hat die Blasenbildung an der Börse einmal sehr treffend beschrieben: Der Aktienmarkt ähnele einem Schönheitswettbewerb, bei dem es nicht darauf ankomme, welches Mädchen man am schönsten finde, sondern darauf, ob man erraten könne, welches Mädchen die Mehrheit der Männer im Saal für das schönste halte. Auf den Punkt brachte es der ehemalige Chef der Citigroup, Chuck Prince: „Solange die Musik spielt, musst du aufstehen und tanzen."

> „Solange die Musik spielt, musst du aufstehen und tanzen."
> CHUCK PRINCE

Im Umkehrschluss müssten wir aufhören zu tanzen und vom Parkett gehen, wenn die Musik verstummt. Dummerweise neigen wir als Privatanleger dazu, viel zu spät auszusteigen. Besser wäre es, früher auszusteigen oder, wenn man den Zeitpunkt verpasst hat, das Drama auszusitzen. Billig zu verkaufen und teuer zu kaufen, das ist nie eine gute Strategie. Auch wenn unsere Emotionen uns genau dazu verleiten.

Im Idealfall können wir die letzte Phase einer Blase daran erkennen, dass Personen über die Börse reden, die eigentlich nicht in Aktien investieren sollten – weil sie eigentlich total risikoavers sind, kein Interesse und schon gar keine Ahnung von Aktien haben. Wenn Ihnen Ihr Taxifahrer, der Friseur und dann auch noch die Metzgerin von ihren heißen Wetten an der Börse erzählen, wird es gefährlich. Ein weiteres Indiz, dass die Blase zeitnah platzt: Publikationen, die ihre journalistischen Qualitäten in völlig anderen Bereichen haben, empfehlen plötzlich Aktien. „Die besten Aktien der Welt: Heute die soliden Werte“, titelte die Bild-Zeitung am 18. März 2000. Das war fast auf den Tag auf dem Höhepunkt der Rally, im März 2000 platzte die New-Economy-Blase. Der Bild-Zeitungs-Indikator hat hier perfekte Warnsignale geliefert. Wer damals auf die Empfehlungen der Journalisten hörte, verlor viel Geld.

Dazu passt eine Äußerung von André Kostolany: „Steigen die Kurse rasant an, kaufen die Dummköpfe, ich nenne sie die schwachen Hände, dann muss man verkaufen. Fällt die Börse in sich zusammen, dann muss man kaufen, weil die Dummköpfe auf der Verkäuferseite stehen. Nicht wegen der eigenen Klugheit, sondern an der Dummheit der anderen verdient der erfolgreiche Börsianer.“ Die Dummen nach Kostolany, das sind die Zauderer, die der Hausse lange zugeschaut haben. Endlich sind sie überzeugt und wollen in den Markt.

Ein weiteres gutes Warnsignal sind die Verkäufe von Insidern. Wenn die Zweifel an der Fortsetzung der Börsenparty wachsen, verkaufen die Investoren der ersten Stunde, um Gewinne mitzunehmen. Oft wirken sie übervorsichtig, scheinen viel zu früh zu verkaufen. Doch sie sind in der Regel ein sehr guter Indikator, dass der Markt dreht. Während also die Gewinner der Rally schon ihre Gewinne einsammeln, gleichen die Newcomer mit ihren Käufen die erhöhte Nachfrage aus. Die Aktien wechseln von den starken Händen in die zittrigen Hände der unsicheren und unerfahrenen Anleger.

Der Markt ist zu diesem Zeitpunkt aber schon in einem sehr fragilen Zustand. Der kleinste Auslöser reicht, die Börse schmiert ab und es entsteht eine Abwärtsspirale. Die Märkte sind im Panikmodus. Es geht aber selten in einem Rutsch abwärts. Da die Meldungen aus der Wirtschaft zu diesem Zeitpunkt häufig noch gar nicht so schlecht sind, beginnen vermeintliche Schnäppchenjäger und Zauderer, die vorher nie in den Markt gefunden haben, mit Käufen, und der Markt dreht wieder nach oben. Es kommt sogar häufig zu einer starken Zwischenrally – Börsianer sprechen von einer Echo-Blase. Doch auch diese ist sehr zerbrechlich. Schlechte Unternehmenszahlen, vielleicht auch ein Skandal um Bilanzmanipulation oder schwache Konjunkturprognosen beenden eine solche Zwischenrally. Es kommt zu einer scharfen Rezession in der Realwirtschaft. Alle Exzesse des Booms müssen bereinigt werden. Das trifft dann auch die Realwirtschaft. Wirtschaftsprüfer, Banken, auch Kunden und Lieferanten der Branche, die den Hype angeführt hat, werden kritisch und meiden jedes Risiko. Also auch Investitionen.

Mittlerweile wird der Blasenbegriff allerdings ziemlich inflationär benutzt. Immer wenn etwas stark ansteigt, wird sofort vor einer Blase gewarnt. Es lohnt sich, genauer hinzuschauen. In Zeiten der Schuldenkrise war dieses Phänomen auch beim Goldpreis zu beobachten, der fast bis auf 2.000 US-Dollar geklettert war. Schließlich gilt Gold als sicherer Hafen, als Krisenwährung Nummer eins. Doch dann erlebten Anleger eine recht schmerzhafte Korrektur – und das, obwohl die Krise keineswegs ausgestanden war und neue Konfliktherde wie die Ukraine, Gaza und der Irak hinzukamen. Ob das aber wirklich eine Blase war oder der zwölfjährige Preisanstieg den diversen Krisen an den Märkten und in der Politik geschuldet war, darüber streiten die Kapitalmarktexperten.

Crashs vernichten bis zu 90 Prozent der Gewinne

Ob Blase oder nicht, wenn es an den Märkten besonders gut läuft, ist es ganz natürlich, dass irgendwann die Korrektur kommt. Bei allen historisch belegten Crashs gingen 75 bis 90 Prozent der vorherigen Kursgewinne verloren. Einen solchen Schock müssen wir erst einmal verarbeiten. Verluste werden in denselben Hirnregionen verarbeitet wie Schmerzen oder bedrohliche Situationen. Es gibt in der Natur drei Möglichkeiten, mit Bedrohungen umzugehen: Wir können kämpfen, uns tot stellen, also vor Schock erstarren, oder die Flucht ergreifen. Wenn an der Börse Panik ausbricht, dann steckt uns das meistens an und wir fliehen. Panik tritt vor allem dann auf, wenn wir eine Situation als absolut unkontrollierbar einschätzen. Typische Merkmale bei Panik sind die ungenügende Reflexion der Realität, ein Mangel an Informationen und fehlende Kommunikation. Wir denken nur noch an uns selbst, ohne Rücksicht auf Verluste, schaden anderen – und am meisten uns selbst. Panische Menschen machen keinerlei Versuche, ihre Gefühle unter Kontrolle zu bekommen. Tritt Panik bei mehreren Personen gleichzeitig auf – und das ist an der Börse eher die Regel als die Ausnahme –, dann kommt es zu einer Massenflucht. Die Herde beginnt zu rennen, immer schneller und schneller.

Doch was passiert dann mit uns? Wenn wir an der Börse hohe Verluste hinnehmen müssen, dann ist das einem Verlust im privaten Bereich sehr ähnlich.[4] Wenn wir viel Geld verlieren, setzt uns das unter permanenten Stress, dem wir uns durch – oft vorschnelles – Verkaufen entziehen möchten. Zwar ist dann auch das Geld endgültig weg, aber eben auch die Stresssymptome. Stress ist ein seltsames, ein unangenehmes Gefühl, das unseren ganzen Körper zu befallen scheint. Wir schlafen schlecht, der Magen grummelt, es läuft uns eiskalt den Rücken herunter, unser Herz rast, den Pulsschlag spüren wir im ganzen Körper, Hunger haben wir auch nicht, trinken dafür aber zu viel Alkohol. Wir fühlen uns unwohl, sogar schlecht und überfordert. Wenn wir keinen Ausweg mehr wissen, schüttet unser Gehirn ein Hormon aus, das den ganzen Körper in Stress versetzt, und es entsteht ein Gefühl von Verzweiflung, Ohnmacht und Hoffnungslosigkeit. Das kann schließlich in Angst und Panik umschlagen. Angst ist für das Gehirn ein Alarmzeichen, es gilt zu handeln.

4 Hüther, Gerald: *Neurobiologe: Biologie der Angst*, Göttingen (10) 2011.

BERÜHMTE BLASEN UND CRASHS

- Tulpenmanie (1636 bis 1637)
- Südseeblase (1720)
- Eisenbahnmanie (1847 bis 1857, 1873)
- Der große Crash (1929)
- Japanblase (1990)
- Schwarzer Montag (1987)
- Internetblase und TMT-Crash (2000)
- Subprime- oder Immobilienkrise (2007/2008)

Wir suchen verzweifelt nach einer Lösung. Wir wollen die Bedrohung eliminieren, verzweifelt und leider oft vergeblich suchen wir Lösungswege.

Weil wir keine finden, wachsen Selbstzweifel, die Belastung zehrt an unseren Energiereserven. Wir schlafen noch schlechter, sind mies gelaunt, frustriert, unleidlich. Wir fangen an, die Dinge, die uns in diese Situation gebracht haben, zu verabscheuen. Kein Wunder, dass so viele ehemalige Aktionäre aus Neuer-Markt-Zeiten die Börse hassen und ihr dauerhaft fernbleiben.

Wenn wir die Kontrolle verlieren, hilft auch kein Schönreden mehr. Unsere Reaktionen fallen dann sehr drastisch aus. Wir fühlen uns fremdbestimmt, unser Handlungsspielraum ist extrem begrenzt. Wie so oft greifen wir – völlig unbewusst – zunächst auf allgemeine und schnell verfügbare Reaktionsmuster zurück. Wie ein Tier in freier Wildbahn reagieren wir mit Wut und Angriff – Börsianer kaufen plötzlich mitten im Crash nach und verdoppeln ihre Positionen – oder aber wir reagieren mit Flucht. An den Finanzmärkten bedeutet das, dass wir panikartig verkaufen, auch wenn das hohe Verluste bedeutet. Eine Verkaufspanik, also ein Börsencrash, ist im Grunde nichts anderes als ein kollektiver Kontrollverlust.

Nicht jeder heftige Abschlag an der Börse ist aber gleich der Beginn eines Crashs. Oft sind es ganz einfach nur einige Paniktage und dann beruhigt sich die Lage wieder. Manchmal sind es auch Panikwochen. In der Schuldenkrise gab es solche Phasen öfter. Im Frühjahr 2011 notierte der Dax beispielsweise bei rund 7.500 Punkten und pendelte dann einige Monate lang zwischen 7.100 und 7.500 Zählern. Im August und September, als sich die Schuldenkrise zuspitzte, stürzte er dann plötzlich um fast 2.500 Punkte ab. Rund ein halbes Jahr später hatte er sich schon wieder bis an die Marke von 6.900 Punkten herangearbeitet – allerdings im Zickzackkurs. Es folgte ein weiterer Rücksetzer auf gut 6.000 Punkte im Sommer, der 7.500er-Markte näherte sich der Index erst Ende 2012 wieder:

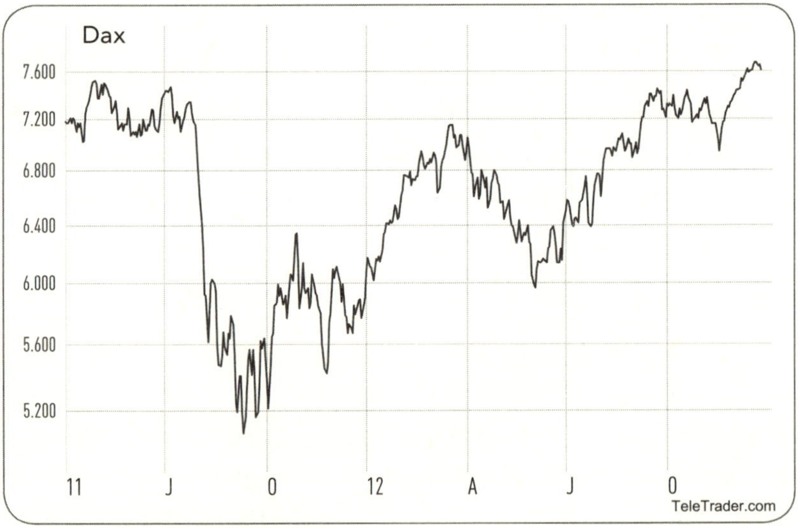

Nichts für schwache Nerven

Ein ziemlich heftiges Hoch und Runter, sicher nichts für zartbesaitete Seelen. Als Langfristanleger hätte man das locker aussitzen können – eigentlich. Nur fällt es uns angesichts solch massiver Ausschläge eben oft schwer, einfach zu warten, bis die Kurse sich wieder erholt haben. Atmen Sie lieber ein paar Mal tief durch, bevor Sie die Nerven verlieren und in panischen Aktionismus verfallen. Langfristige Strategien völlig übereilt über Bord zu werfen, ist nie sinnvoll.

Wie Sie Ihre Emotionen kontrollieren und solche Fehler vermeiden, darum geht es im nächsten Kapitel.

EMOTIONEN KONTROLLIEREN UND FEHLER VERMEIDEN

Zu wissen, was alles schiefgehen kann, wenn unser Bauchgefühl, Schubladendenken oder vorgefertigte Muster unser Handeln bestimmen, bewahrt uns zwar nicht davor, Fehler zu machen. Aber es ist ein Anfang. Wenn wir uns unserer Emotionen bewusst sind, haben wir eine Chance, uns nicht vollständig von ihnen leiten zu lassen und die eine oder andere Psychofalle zu umschiffen. Wie heißt es doch so schön? Selbsterkenntnis ist der erste Schritt zur Besserung.

Nehmen Sie mich und meine Verlustbringer: Die hätten seit Jahren aus dem Depot gehört. Ich hatte sie aber leider verdrängt oder schön geredet oder beides. Das habe ich zum Glück irgendwann erkannt. Ein bisschen zu spät, aber ich habe die Reißleine gezogen. Natürlich war es kein angenehmes Gefühl, mir meinen Fehlgriff einzugestehen. Und natürlich hat es wehgetan, die Verluste zu realisieren. Aber nur kurz. Nun arbeitet das Geld hoffentlich sinnvoller. Es macht einfach keinen Sinn, die Augen vor Fehlentscheidungen zu verschließen. Genauso wenig, wie wir uns von Gier leiten lassen oder bei Turbulenzen an der Börse in Panik verfallen sollten.

Viele hochemotionale Situationen können wir mit ein paar relativ einfachen Tricks entschärfen. Auch für die etwas heikleren Situationen gibt es Strategien. Denn eines ist klar: Wenn der Dax das nächste Mal binnen weniger Tage 10, 15 oder gar 20 Prozent seines Wertes verliert, werden wir nervös. Das ist völlig normal und wird sich auch nicht ändern. Entscheidend ist aber, ob wir die Nerven behalten oder panisch werden. Für solche Situationen gilt es Lösungen – neue Muster – bereitzuhalten. Und das ist viel einfacher, als Sie vielleicht glauben.

Der folgende Zehn-Punkte-Plan soll Ihnen helfen, ihre Emotionen zu kontrollieren und Fehler zu vermeiden. Meine zehn Gebote für die Geldanlage quasi. Erwarten Sie aber bitte keine konkreten Anlageempfehlungen.

MACHEN SIE EINEN KASSENSTURZ

Es klingt banal, aber vor jeder Geldanlage sollte erst einmal ein Kassensturz stehen. Ich kenne Menschen, die mit ihrem sauer Verdienten völlig wahllos umgehen. Mal legen sie 500 Euro im Monat zur Seite, dann wieder 1.000 Euro, dann gar nichts. Sie investieren ihr ganzes Geld an der Börse, müssen aber Aktien verkaufen, sobald ein etwas teurerer Urlaub ansteht – egal, wie es an den Märkten dann gerade läuft. Sie eröffnen Fonds- oder ETF-Sparpläne, nur um sie kurz darauf wieder zu kündigen, weil die monatliche Rate zu hoch gewählt war. Oder sie greifen ständig auf das Ersparte zurück, das eigentlich der Altersvorsorge dienen soll.

Das macht alles keinen Sinn und hat wenig mit einer durchdachten Strategie zu tun. Wer so kopflos agiert, wird zwangsläufig Opfer seiner Emotionen. Deshalb sollten Sie Ihre Finanzen erst einmal „auf den Kopf stellen“: Schauen Sie, was Sie schon haben, wie viel im Monat übrig bleibt und wie viel Sie wirklich sparen können und möchten.

Wichtig ist es auch, immer einen Notgroschen zu haben. Experten empfehlen zwei oder drei Nettogehälter auf einem Tagesgeldkonto. Ich bin mit diesem Rat immer gut gefahren. So komme ich nie in eine Klemme, wenn die Waschmaschine den Geist aufgibt, die Auto-Inspektion viel teurer wird als erwartet oder ein neuer Fernseher her muss oder alles auf einmal. Auch für teurere Urlaubsreisen nutze ich diesen Notgroschen. Wichtig allerdings: Greife ich die Summe auf dem Tagesgeldkonto an, wird in den Monaten danach wieder aufgefüllt. Auch das sollten Sie bei Ihrer Finanzplanung bedenken.

Was noch übrig bleibt, können Sie investieren, ob als Einmalanlage oder in einem Sparplan; ob an den Aktien- oder Anleihemärkten. Man kann es nur immer wieder gebetsmühlenartig wiederholen: Investieren Sie nur Geld in Aktien, das Sie mittel- oder besser noch langfristig anlegen wollen. Geld, das sie in sechs Monaten oder einem Jahr auf jeden Fall brauchen werden, gehört nicht an die Börse. Womit wir beim nächsten Punkt wären: Ihren Zielen.

BESTIMMEN SIE IHRE ZIELE

Es ist ein großer Unterschied, ob wir unser Geld langfristig anlegen oder kurzfristig parken – auch emotional. Wenn wir in absehbarer Zeit eine größere Summe benötigen, sind Schwankungen Gift und mehr als nervenaufreibend. Dieses Geld gehört natürlich auf ein Tages- oder, wenn die Laufzeit stimmt, ein Festgeldkonto. Dort gibt es zwar kaum noch Zinsen – unter dem Strich, also nach Abzug von Inflation und Steuern, machen Sie sogar Miese. Damit erleiden Sie zwar einen Kaufkraftverlust, aber der ist auf kurze Sicht zu verkraften. Wichtig ist: Aus 10.000 Euro werden nicht plötzlich 9.000 oder gar 8.000 Euro, und das genau zum ungünstigsten Zeitpunkt. Hier sind der zumindest nominale Kapitalerhalt und die Verfügbarkeit des Geldes oberste Maßgabe, sonst werden Sie nicht ruhig schlafen können.

Wer mittel- oder sogar langfristig spart, kann zwar ganz anders agieren, steht aber auch vor anderen (psychischen) Herausforderungen. Gerade wenn wir sehr langfristige Ziele verfolgen, fällt uns das

Geldanlegen sehr schwer. Denken Sie nur an Ihre private Altersvorsorge. Natürlich ist uns bewusst, dass uns eine nicht unerhebliche Versorgungslücke droht. Denn die gesetzliche Rente wird nicht reichen, um unseren Lebensstandard auch nur ansatzweise zu sichern. So weit, so gut – beziehungsweise schlecht. Und deshalb sorgen wir vor und legen Geld fürs Alter zurück. Doch auch wenn wir noch so ambitionierte langfristige Sparziele haben, führt uns die Konsumwelt doch immer wieder in Versuchung. Wir bewerten das kurzfristige Vergnügen oft höher als den Erhalt des Lebensstandards im Alter. Ist die tolle Uhr oder das schnelle Auto erst einmal in Reichweite, vergessen wir nur zu gerne unsere hehren Ziele. Dass wir dieses Verhalten im Nachhinein, wenn nämlich die mickrige Rente ausgezahlt wird, bereuen dürften, verdrängen wir äußerst erfolgreich.

Wer sich dessen bewusst ist, greift oft zu einem Trick. Wir knebeln uns an langlaufende Verträge, die nur unter finanziellen Repressionen kündbar sind. Wir schließen Lebens- oder Rentenversicherungen ab oder engagieren uns in anderen illiquiden Vermögenswerten wie beispielsweise Immobilien, damit wir nicht in Versuchung kommen, unser Erspartes für den schnellen Konsum mit nur sehr kurzfristigem Nutzen auszugeben. Das diszipliniert natürlich enorm. Wir verschieben das Geld also von einem mentalen Konto auf ein anderes. Wir ziehen die Summe vom gedachten Konto „Konsum“ ab und buchen sie auf „Altersvorsorge“ um. Der Trick ist also, sich schon vorab festzulegen.

Das diszipliniert zwar, aber wir verschließen uns dadurch den Chancen – und langfristig höheren Renditen – des Kapitalmarkts. Ich würde deshalb für einen Teil des Geldes immer einen ETF- oder Fondssparplan wählen. Natürlich verleitet diese Variante dazu, das Ersparte anzugreifen. Schließlich können Sie jederzeit Anteile über die Börse verkaufen. Aber Sie bleiben eben flexibel, falls sich Ihre Ziele ändern. Vielleicht wollen Sie irgendwann einmal eine Immobilie erwerben, dann kann es durchaus Sinn machen, das 10, 20 oder

30 Jahre lang angesparte Vermögen von der Börse abzuziehen und in die Immobilie zu stecken.

Entscheiden Sie sich aber für die flexiblere Variante, müssen Sie den kurzfristigen Verlockungen widerstehen können und die Nerven behalten, wenn es an der Börse kracht. Denn Disziplin ist das oberste Gebot bei der Geldanlage. Sonst werden Sie Ihre Ziele nicht erreichen.

BESTIMMEN SIE IHRE RISIKOTOLERANZ

Diszipliniert anlegen können Sie aber nur, wenn die von Ihnen gewählten Finanzprodukte auch zu ihrer Risikotoleranz passen. Die schönste Anlagestrategie bringt nichts, wenn Sie sich mit ihr nicht wohlfühlen. Ist der Aktienanteil für Ihre persönlichen Vorlieben und Ängste viel zu hoch, werden Sie Ihrer Strategie niemals treu bleiben können. Sie werden schlecht schlafen und sich unwohl fühlen. Es entsteht kognitive Dissonanz. Und die werden Sie irgendwann nicht mehr ertragen können und wahrscheinlich bei Börsenturbulenzen schnell aussteigen. Das kostet Geld und macht Ihre Strategie zunichte. Deshalb müssen Sie entscheiden, wie viel Risiko Sie eingehen möchten, welche Kursschwankungen Sie zu ertragen bereit sind. Oder anders ausgedrückt: Welchen Teil Ihres Ersparten sind Sie bereit, aufs Spiel zu setzen?

Doch was ist Risiko eigentlich? Natürlich gibt es eine streng wissenschaftliche Definition. Mit Risiko – übrigens Griechisch für Gefahr oder Klippe – beschreiben Experten die möglichen negativen Auswirkungen eines Ereignisses. Bei der Geldanlage ist das ein möglicher Verlust oder je nach unserer Einstellung eine Nullrendite. Hinzu kommt aber die emotionale Komponente. Wir wägen Risiken nämlich nicht nur streng rational und auch nicht nur anhand dessen ab, was wir darüber denken – gleichzeitig ist es wichtig, was wir dabei fühlen. Wenn wir etwas mögen, halten wir es automatisch für weniger riskant und bewerten seine Vorzüge umso höher. Sogar Profis sind davor nicht gefeit. Aktienanalysten beispielsweise neigen dazu, Risiko und Gewinn zumindest von unbekannten Aktien emotionsgeleitet zu bewerten. Werden Aktien positiv wahrgenommen, neigen Analysten dazu, ihnen ein hohes Gewinnpotenzial und ein geringes Risiko zuzusprechen. Umgekehrt ist es genauso. Was wir oder die Profis negativ wahrnehmen, halten wir für riskant. Nicht zuletzt aufgrund dessen ist es so schwierig, den Deutschen die Vorzüge von Aktien näherzubringen. Viele setzten Schwankungen mit Risiko gleich und diese wiederum mit Verlusten.

Welcher Risikotyp sind Sie also? Anlageberater sortieren ihre Kunden in der Regel in Klassen ein. Denn was dem einen zu riskant ist, ist dem anderen noch zu renditeschwach. Um unsere persönliche Risikoneigung zu bestimmen, müssen wir uns ein paar wichtige Fragen stellen: Wie viel Geld kann ich investieren? Welche Ziele habe ich, was will ich wann erreicht haben? Und wie viel bin ich bereit, dafür zu riskieren? Die Fragen der Banker lauten beispielsweise: „Niemand weiß, wie sich die Börse in den kommenden Monaten oder Jahren entwickelt. Welches Risiko würden Sie eingehen, um eine höhere Verzinsung zu erreichen?" Wenn Sie keine Geldanlage wollen, bei der die Gefahr eines Verlustes besteht, sind sie sicherheitsorientiert. Aktien sollten dann nur einen sehr kleinen Teil Ihrer Geldanlage ausmachen. Sie müssen allerdings bedenken, dass es an den Anleihemärkten kaum noch Renditen gibt. Antworten Sie auf die Frage des Bankers, dass Sie bei einer entsprechenden Rendite sogar den Totalverlust Ihres Investments in Kauf nehmen würden, sind Sie chancenorientiert. Aktien werden dann einen großen Teil Ihrer Geldanlage ausmachen. Je nach Risikogruppe gibt es bei der Bank, Ihrem Onlinebroker oder auf diversen Internetportalen verschiedene Produktempfehlungen.

Grob lassen sich die gängigen Risikotypen so definieren: Der sicherheitsorientierte Anleger bevorzugt eine stetige Wertentwicklung und sichere Ertragserwartungen. Größere Schwankungen will er nicht ertragen müssen, weshalb sein Aktienanteil eher gering ist. Er bevorzugt festverzinsliche Anlageprodukte wie Anleihen oder Festgeld. In Zeiten, in denen Zinsen praktisch abgeschafft sind, wird seine Rendite entsprechend homöopathisch sein. Doch das nimmt er in Kauf. Anlageexperten raten solch risikoaversen Anlegern allerdings auch immer öfter zu einem zumindest geringen Aktienanteil, um die ausbleibenden Zinserträge mit Dividendenzahlungen – und hoffentlich auch Kursgewinnen – zu kompensieren.

Ein bisschen riskanter mag es der konservative Anleger. Er möchte etwas höhere Erträge als der Sicherheitsorientierte und setzt auch auf mögliche Kursgewinne. Aktien gehören zu seiner Anlagemischung definitiv dazu, auch wenn ihr Anteil deutlich geringer ist als beispielsweise der Anteil der Anleihen oder Immobilien. Wahrscheinlich setzt er auf sehr konservative Standardwerte mit hohen Dividendenrenditen. Er kann eventuelle Schwankungen an der Börse relativ gut verkraften – zumal die Dividende eine Art Risikopuffer ist. Seine Denke: Schüttet ein Unternehmen üppig aus, kann er genau diese Summe als Kursverlust locker wegstecken und macht unter dem Strich keinen Verlust.

Der gewinnorientierte Anleger hat ein klares Ziel: Kapitalzuwachs. Aktien machen einen großen Teil seines Depots aus. Nicht nur Standardwerte stehen auf seinem Depotauszug, auch Nebenwerte oder die eine oder andere Modeaktie werden beigemischt. Er investiert weltweit und auch in wachstumsstarke Märkte wie die aufstrebenden Schwellenländer. Dass die Börsen dort stärker schwanken als in den etablierten Industrienationen, nimmt er in Kauf. Auch bei Anleihen darf es ein bisschen riskanter sein. Er setzt also nicht nur auf Staatsanleihen oder Unternehmensbonds mit bester oder zumindest guter Bonität. Auch Titel schwächerer Schuldner wandern als Beimischung ins Depot.

Wer chancenorientiert anlegt, erwartet überdurchschnittliche Erträge. Aktien, Aktien, Aktien lautet hier die Devise. Aber auch riskantere Produkte wie beispielsweise Zertifikate mit Hebel finden sich in solchen Depots. Bei Anleihen darf es auch mal ein Hybrid-Papier sein, bei dem die Zinszahlung schnell ausfallen kann, wenn das Unternehmen beispielsweise mit den Quartalszahlen ins Minus rutscht. Der Chancenorientierte zockt nicht, er geht Risiken bewusst ein. Er investiert in Wachstumsmärkte und schwankungsintensivere Nebenwerte. Das Auf und Ab an den Märkten kann er sehr gut ertragen.

Welcher Risikotyp Sie sind, kann sich mit den Jahren natürlich ändern und hängt natürlich auch mit ihrer finanziellen Situation zusammen. Und natürlich spielt auch eine Rolle, in welcher Lebensphase Sie gerade sind. Denken Sie nur für sich allein oder für eine Familie? Wollen Sie in fünf Jahren bauen oder sparen Sie für die Altersvorsorge? Oder haben Sie Ihr Sparziel schon erreicht und müssen ein neues definieren?

Es ist wichtig, dass Sie sich mit dem Risiko auseinandersetzen. Die wenigsten Privatanleger schätzen Risiken richtig ein, können damit umgehen und haben ein vernünftiges, an ihre Strategie und Ziele angepasstes Risikomanagement. Chancen und Risiken sind – und das nicht nur bei der Geldanlage – untrennbar miteinander verbunden. Auch deshalb ist es so wichtig: Wählen Sie nur Produkte, die Sie verstehen und die zu Ihrer Risikotoleranz passen. Doch das ist nur die „Vorarbeit“. Denn Sie brauchen unbedingt eine Strategie.

WÄHLEN SIE EINE STRATEGIE UND BLEIBEN SIE IHR TREU

Nachdem Sie Ihre finanziellen Möglichkeiten, Ihre Ziele und Ihre Risikotoleranz ausgelotet haben, gilt es nun, die passende Strategie zu finden. Ich schreibe bewusst „passende“ Strategie, denn die richtige Strategie gibt es nicht. Sie werden nicht immer auf der Gewinnerseite sein. Egal, wie Sie Ihr Vermögen anlegen und auf welche Anlageklassen oder Regionen Sie setzen, Sie werden auch Durststrecken erleben. Und die gilt es auszuhalten.

Es gibt viele Möglichkeiten, um an der Börse erfolgreich zu sein. Sie können auf Substanzwerte setzen wie der große Warren Buffett. Value-Investing nennt sich dieser Stil, bei dem Anleger sich auf die Suche nach unterbewerteten Aktien machen. Dabei spielen Bewertungskennzahlen wie das Kurs-Gewinn- und das Kurs-Buchwert-Verhältnis eine entscheidende Rolle. Außerdem sollten die Unternehmen über ein herausragendes Geschäftsmodell verfügen und möglichst große Wettbewerbsvorteile haben. Langfristig setzten sich solche Firmen durch – auch an der Börse, so die Überzeugung der Value-Jünger. Warren Buffett hat es mit dieser Strategie zu einem der reichsten Männer der Welt gebracht. Das psychologische Problem bei dieser Strategie: Sie kaufen ständig, was gerade nicht gefragt ist. Legen also antizyklisch an. Die Herde rennt im Zweifelsfall in die andere Richtung. Das müssen Sie aushalten können.

Der Gegenentwurf zu dieser Strategie ist das Growth-Investing. Solche Anleger setzen vor allem auf Wachstumswerte. Ihre Auswahlkriterien sind Gewinneinschätzungen von Experten oder der Gewinn je Aktie. Nur Titel, denen künftig hohe Gewinne und ein stark steigender Gewinn je Aktie zugetraut werden, landen im Depot der Growth-Investoren. Wie teuer die Aktie gerade ist, ist sekundär.

Solche Strategien lassen sich wunderbar durch aktiv gemanagte Fonds oder durch passive Indexfonds (Exchange-Traded Funds, kurz: ETFs) abbilden. Es gibt natürlich unzählige weitere Strategien an der Börse, Value und Growth sind nur zwei, noch dazu verkürzt dargestellte Beispiele von vielen. Wenn Ihnen solche Strategien zu kompliziert sind, können Sie ganz einfach auf die ganz großen Aktienindizes dieser Welt setzen und Ihr Vermögen entsprechend Ihrer Risikotoleranz auf unterschiedliche Märkte verteilen. Dieses indexbasierte Anlegen ist relativ einfach.

Sie bestimmen zu allererst, wie groß Ihr Aktien- und wie groß Ihr Anleiheanteil sein soll. Dann wählen Sie die Produkte. Ich bin ein Fan von Indexfonds. Auf den Internetseiten der ETF-Anbieter finden Sie zahlreiche Musterdepots, die Sie zur Orientierung nutzen können. Sie enthalten in der Regel bekannte Aktienindizes wie den weltweiten MSCI World oder den Schwellenländerindex MSCI Emerging Markets. Der Anleiheanteil wird beispielsweise mit einem ETF auf bonitätsstarke Staatsanleihen abgebildet. Beigemischt werden dann etwas riskantere, aber dafür risikoreichere Anleiheindizes auf Unternehmensbonds oder Papiere mit schwächerer Bonität.

Ich könnte Dutzende Anlagestile beschreiben, aber das würde den Rahmen dieses Buches sprengen. Alle Methoden haben ihre Berechtigung, ihre Anhänger und natürlich auch ihre Gurus. Je nach Börsenphase funktionieren sie mal besser und mal schlechter.

Genau da liegt die Gefahr. Geht die gewählte Strategie in bestimmten Monaten oder sogar Jahren nicht auf, wachsen unsere Zweifel. War das wirklich eine kluge Entscheidung? Wäre eine andere Strategie doch die bessere gewesen? Die Zweifel wachsen, wir werden nervös. Begehen Sie in solchen Phasen nicht den Fehler, Ihre Strategie über Bord zu werfen. Es macht wenig Sinn, einen grundsätzlich erfolgreichen Ansatz in Marktphasen, in denen es nicht so gut läuft, aufzugeben und die Methodik zu ändern. Das kostet Geld und wahrscheinlich springen Sie sowieso zu spät auf den neuen Trend auf. Die neue Strategie werden Sie mit großer Sicherheit auch wieder anzweifeln, wenn eine andere noch besser läuft und in Mode ist.

Wie gefährlich es ist, von Strategie zu Strategie zu hetzen, konnten wir um die Jahrtausendwende beobachten. Damals liefen Substanzwerte nicht sonderlich gut, Wachstumsaktien waren gefragt. Die Value-Investoren mussten eine lange Durststrecke ertragen. Warren Buffett wurde damals belächelt, sein Stil war irgendwie von gestern. Doch er hielt durch, blieb seiner Linie treu. Im Gegensatz zu anderen Value-Investoren. Sie mutierten nach Quartalen der Pein plötzlich zu Growth-Investoren. Als die Internetblase kurze Zeit später platzte, saßen sie auf riesigen Verlusten. Es folgten Jahre, in denen Value die bessere Wahl war – und Warren Buffett war plötzlich wieder ein Starinvestor. Für welche Strategie auch immer Sie sich entscheiden: Bleiben Sie ihr treu! Es gibt keine bewährte Strategie, die immer und in jeder Marktphase aufgeht. Es geht um den langfristigen Erfolg. Deshalb: Ruhe bewahren!

Selbst wenn wir diszipliniert handeln und unsere Strategie umsetzen: Wir machen Fehler, entscheiden uns für die falschen Aktien oder gewichten einzelne Papiere oder Branchen über. Solche Fehler sollten Sie nicht ignorieren. Verlieren Sie nie das große Ganze aus den Augen. Allein betrachtet mag Ihr jüngster Wertpapierkauf eine gute Wahl gewesen sein. Aber stimmt Ihr Depot auch mit Ihrer Risikoneigung überein? Schlummert in Ihrem Portfolio vielleicht ein Klumpenrisiko, weil Sie auf zu viele Autowerte gesetzt haben? Rückschläge bleiben an der Börse nicht aus. Hat sich eine Position als Rohrkrepierer oder Verlierer entpuppt? Analysieren Sie das Papier. Welche Chancen hat es? Passt es in Ihre Strategie? Es wird wehtun, wenn Sie sich eine Fehlentscheidung eingestehen und sich von einer Position mit Verlust trennen müssen. Aber denken Sie daran: Sie werden sich an den schmerzlichen Verlust schnell gewöhnen – und bald darauf haben Sie ihn vergessen.

Diszipliniertes Anlegen fällt uns aber oft schwer: Sie läuft unserem kurzfristigen Wohlbefinden häufig zuwider – dann beispielsweise, wenn wir uns konsequent eine Fehlentscheidung eingestehen und entsprechend handeln. Deshalb sollen Sie langfristig denken. Machen Sie sich immer wieder bewusst, dass Sie sich durch Ihr diszipliniertes Handeln langfristig mehr Wohlbefinden ermöglichen wollen – ob nun durch Reichtum oder eine Weltreise. Kurzfristig werden Sie auch das eine oder andere unangenehme Gefühl durchleben müssen, aber es geht um Ihr langfristiges Ziel. Strategie geht über Timing und schützt Sie davor, die Selbstkontrolle zu verlieren.

STREUEN SIE!

Eines der wichtigsten Gebote der Geldanlage überhaupt: Streuen Sie Ihr Risiko. Wer nur wenige Aktien im Depot hat, setzt sich einem viel zu hohen Risiko aus. Das bedeutet Stress. Ist die Risikostreuung zu gering, kann nämlich eine einzige Niete Ihre Rendite gründlich verhageln. Selbst wenn Sie gleichzeitig einen Überflieger im Depot haben, wird der wahrscheinlich nicht die Traumrendite des ganzen Portfolios retten. Auch sollten einzelne Titel oder Branchen keinen zu großen Anteil haben. Anders ausgedrückt: Verlieben Sie sich nicht in eine Aktie oder Branche. An der Börse ist nicht Monogamie gefragt, sondern Polygamie.
Die Ansichten, wie viele Einzeltitel in ein gut diversifiziertes Depot gehören, gehen auseinander. Mindestens zehn sollten es aber sein, besser mehr. Aber bitte behalten Sie den Überblick, was ab 20 oder gar 30 Positionen schwierig werden könnte. Deshalb würde ich immer Fonds – natürlich auch mehrere, damit Sie nicht von den Fähigkeiten eines einzigen Fondsmanagers abhängig sind – und börsengehandelte Indexfonds (ETFs) empfehlen. Mit Fonds und ETFs setzten Sie auf Dutzende, Hunderte, manchmal sogar Tausende Einzeltitel. Wenn in einem der Portfolios einmal eine Niete schlummert, fällt das kaum noch ins Gewicht.

Leider verzichten viele Anleger auf eine breite Streuung ihrer Investments. Wer sich mit dem Thema auseinandersetzt, landet schnell bei der Diversifikationstheorie, die auf den US-Wissenschaftler Harry Markowitz zurückgeht und mit dem Nobelpreis gewürdigt wurde. Wie das aber so ist mit nobelpreisgekrönten Theorien: Sie sind recht komplex. Oft versuchen wir, einfach aus dem Bauch heraus unser Portfolio zwischen Chance und Risiko auszubalancieren, streuen unsere Investments über viele Länder, sichern uns mit Sparbüchern oder Geldmarktfonds gegen den Ernstfall ab – das mag ein Anfang sein, aber eine echte Risikostreuung sieht anders aus.

Der Grundgedanke nach Markowitz: Wer sein Vermögen nur in eine Anlageklasse wie etwa Aktien investiert, geht ein enormes Risiko ein. Schließlich ist die Entwicklung des Portfolios dann auch nur von dieser Assetklasse abhängig. Stürzen die Aktienbörsen weltweit ab, rauscht auch der Depotwert in die Tiefe. Wer breiter investiert, also sein Geld auf Aktien, Anleihen, Rohstoffe und Immobilien verteilt, senkt seine Absturzgefahr deutlich. Streuen Sie also nicht nur über einzelne Branchen oder Länder, sondern auch über verschiedene Anlageklassen.

ACHTEN SIE AUF DIE KOSTEN

Hin und Her macht Taschen leer, lautet eine bekannte Börsenweisheit. Keine ist wohl so unumstritten wie diese. Die Kosten nagen mitunter beträchtlich an der Rendite und können sie bei allzu häufigem Hin und Her sogar völlig aufzehren. Vielen Anlegern ist das aber gar nicht bewusst. Wissen Sie ganz genau, was Ihre letzte Order gekostet hat? Falls Ihre Antwort Nein lautet, sind Sie damit nicht allein.

Privatanleger tappen immer wieder in die Gebührenfalle – mit Direktinvestments in Aktien oder Anleihen ebenso wie durch ihre Fondskäufe. Je nach Broker und Handelssumme oder auch Anlageprodukt können die Gebühren immens sein, gerade bei kleinen Aufträgen. Beim Kauf mancher Fonds beispielsweise fallen Ausgabeaufschläge in Höhe von fünf Prozent an – fünf Prozent, die ein Fonds erst mal wieder einfahren muss. Wer also öfter seine Fonds wechselt, sollte genau nachrechnen, ob sich der Wechsel zu dem vermeintlich besseren Produkt wirklich rechnet: Fonds-Hopping frisst die Rendite. Und zu den oft hohen Ausgabeaufschlägen können je nach (Online-)Broker oder Bank noch weitere Gebühren kommen.

Ordergebühren zahlen Anleger auch beim Kauf oder Verkauf von Aktien, Anleihen und Exchange-Traded Funds (ETFs). Rund ein Prozent der Anlagesumme berappen Kunden bei Filialbanken. Direktbanken sind oft günstiger. Diese Kosten setzen sich bei gewöhnlichen Börsenaufträgen aus den Börsengebühren sowie den Transaktionskosten des Brokers zusammen und variieren sowohl von Broker zu Broker als auch von Börse zu Börse.

Natürlich zahlen kostenbewusste Anleger längst nicht mehr so viel wie vor zehn oder zwanzig Jahren. Dank Internet und Onlinebanken sind die Gebühren deutlich geschrumpft. Trotzdem sind sie ein Faktor, den Sie bei Ihrer Geldanlage nicht verdrängen sollten. Das Beispiel der Fonds mit Ausgabeaufschlag ist sicher am deutlichsten. Zwar gibt es bei Fondsvermittlern und Direktbanken oft 50 Prozent und mehr Rabatt auf den Ausgabeaufschlag und auch die Handelsgebühren sind gesunken. Trotzdem kostet ein Investment erst einmal immer Geld.

Ein wichtiger Aspekt sind auch die laufenden Kosten – Experten sprechen von der Gesamtkostenquote (Total Expense Ratio, kurz: TER). Das Analysehaus Morningstar hat ausgerechnet, dass diese Quote im Sommer 2014 für Aktienfonds pro Jahr immerhin bei 1,85 Prozent im Schnitt lag. Diese Gebühren muss das Fondsmanagement erst einmal hereinholen, bevor Sie als Anleger Plus machen. Indexfonds sind deutlich billiger. Den Dax gibt es beispielsweise schon für 0,09 Prozent. Im Gegensatz zu aktiv gemanagten Fonds bieten sie allerdings nicht die Chance auf eine Überrendite zum Markt. Die bieten aber leider auch die wenigstens aktiven Fonds. Studien haben nämlich gezeigt, dass die wenigsten Fondsmanager es schaffen, ihren Vergleichsindex zu schlagen und schon gar nicht Jahr für Jahr. Auch Investmentprofis sind nur Menschen aus Fleisch und Blut, auch sie fällen mitunter intuitive Urteile und machen Fehler. Ob aktiv oder passiv, wie auch immer Sie sich entscheiden: Achten Sie auf die Kosten.

Aber halten Sie nicht an einem schwachen Fonds fest, nur weil der Ausgabeaufschlag so hoch war. Dazu neigen wir nämlich. Sunk-Cost-Effekt nennen Börsenpsychologen das. Entstandene und unwiederbringliche, also „versunkene“, Kosten hemmen unsere Bereitschaft, uns von einem Projekt zu trennen. Dieses Phänomen erleben wir auch in anderen Lebensbereichen. Wer verkauft schon gerne sein Auto, wenn er gerade erst zwei teure Reparaturen und einen Satz neue Reifen bezahlen musste? Um solche Psychofallen zu umschiffen, stellen Sie sich die Frage, ob Sie eine Aktie oder einen Fonds heute noch einmal kaufen würden. Wenn Ihre Antwort Nein lautet, ist es vielleicht ein guter Zeitpunkt, die Reißleine zu ziehen. Legen Sie das freiwerdende Kapital in aussichtsreichere Investments an. Versunkene Kosten sollten Sie bei dieser Entscheidung nicht beeinflussen, Ihre langfristige Strategie aber schon.

LASSEN SIE SICH NICHT VON ANGST UND GIER LEITEN

Sie kennen Ihren finanziellen Spielraum, haben Ihre Ziele klar definiert, eine Strategie gewählt und haben die Kosten im Blick – trotzdem werden Ihre Gefühle Ihnen immer wieder einen Strich durch die Rechnung machen. Wichtig ist, dass Sie erkennen, in welchen Situationen Ihr Autopilot im Gehirn Sie regelmäßig auf den falschen Weg bringt. Wenn Sie sich an die Regeln für Ihre Anlage halten, ist das aber kein großes Problem. Vor allem dann nicht, wenn Sie ein Investmenttagebuch führen. Darin sollten Sie Ihre Strategie so detailliert wie möglich aufschreiben. Das hilft gerade bei der langfristigen Geldanlage, die ursprünglichen Ziele nicht aus den Augen zu verlieren. Halten Sie fest, weshalb Sie jede einzelne Position gekauft haben, welche Chancen und welche Risiken Sie sehen. Schreiben Sie auch nieder, unter welchen Umständen Sie eine Position auflösen werden.

Ihr Investmenttagebuch sollte zudem einen Notfallplan für besonders stürmische Börsenzeiten enthalten. Schreiben Sie auf, welche Kursrücksetzer Sie zu ertragen bereit sind. Legen Sie fest, wann Sie die Reißleine ziehen wollen – und halten Sie sich daran, auch wenn Sie hektisch oder gar panisch werden. Unterschätzen Sie nicht Ihre Leidensfähigkeit: Wir stumpfen schnell gegenüber wachsenden Verlusten ab, bis sie plötzlich existenzgefährdend werden. Legen Sie daher Ihre Verlusttoleranz fest, bevor Sie investieren. Fällt Ihr Depot oder eine einzelne Position bis zur vereinbarten Schwelle, realisieren Sie konsequent Ihren Verlust – auch wenn es wehtut.

Wenn Sie auf Nummer sicher gehen wollen, setzen Sie automatische Stop-Loss-Orders. Fällt die Aktie unter einen Kurs, den Sie zuvor festgelegt haben, fliegt Sie aus dem Depot. So können Sie Gewinne absichern oder Verluste begrenzen. Diese Stop-Loss-Aufträge kosten zwar Geld, aber sie disziplinieren. Wir unterschätzen nämlich leicht unsere eigene Leidensfähigkeit und gewöhnen uns an Verluste. Der Stop-Loss nimmt Ihnen Entscheidungen ab. Ich bin allerdings kein großer Fan dieser Orders, weil sie Gebühren fressen und damit an der Rendite nagen. Langfristinvestoren sollten mit einem Anlagetagebuch auskommen.

Greifen Sie übrigens nicht erst dann zu Ihrem Tagebuch, wenn die Börse abstürzt. Lesen Sie von Zeit zu Zeit darin, so verinnerlichen Sie Ihre Strategie und Ihre Regeln. Beschäftigen Sie sich mit Ihrer Geldanlage, aber reden Sie nicht zu viel darüber. Denn wenn Sie Freunden oder Kollegen von Ihren Anlageentscheidungen berichten, tappen Sie womöglich in die nächste Psychofalle. Jeder Eingeweihte erhöht nämlich Ihre emotionale Bildung an Ihr Investment – Experten nennen das Commitment. Das hat zur Folge, dass es Ihnen umso schwerer fallen wird, sich Fehlengagements einzugestehen und eine Position aufzulösen. Schließlich wollen Sie vor dem Nachbarn oder Kollegen nicht als Zweifler oder als wankelmütig erscheinen.

Ob Sie nun gierig, verliebt oder panisch sind – denken Sie immer daran: Das oberste Gebot der Geldanlage ist die Disziplin. Durchzuhalten – dabei soll das Tagebuch helfen. Das gilt für Einsteiger genauso wie für Börsenprofis. Verlassen Sie sich nie auf Ihr Bauchgefühl. Unsere Wahrnehmungen sind oft verzerrt, vorgefertigte Muster führen uns in die Irre. Der beste Tipp, um die Ruhe zu bewahren, ist wohl ein ganz einfacher: Bevor Sie sich von Hektik, Panik oder Gier leiten lassen – schlafen Sie eine Nacht über Ihre Entscheidung. Am nächsten Morgen sind Sie weniger emotional und treffen wahrscheinlich die bessere Entscheidung.

VERGESSEN SIE IHRE ZIELE NICHT, ABER JUSTIEREN SIE VON ZEIT ZU ZEIT NACH

Keine Depotzusammenstellung ist für die Ewigkeit, auch wenn Ihre Strategie noch so schlüssig ist. Überprüfen Sie Ihr Portfolio deshalb regelmäßig, aber bitte auch nicht zu oft. Wer täglich auf die Kurse schaut, vergisst nämlich schnell seine Ziele. Je nach Anlageklassen kann und darf das Depot zwischenzeitlich schwanken. Das können Sie aber aushalten, vor allem wenn Sie langfristig investieren. Denn mit der Zeit verfliegt die kurzsichtige Verlustaversion. Wenn Sie allerdings ständig auf den Depotstand schauen, funktioniert das nicht. Vertrauen Sie Ihrer eigenen Strategie.

Trotzdem sollten Sie ab und zu nachjustieren. Wenn Sie sich beispielsweise für eine Depotmischung von 40 Prozent Aktien und 60 Anleihen entschieden haben, sollten Sie regelmäßig neu ausbalancieren. Ansonsten geben Sie Ihre Strategie unweigerlich auf. Steigen die Aktienmärkte nämlich über Monate stark, wächst durch die Kursgewinne der Aktienanteil in Ihrem Depot. Plötzlich sind Sie zu 60 Prozent in Aktien investiert und nur noch zu 40 Prozent in Anleihen. Diese Gewichtung entspricht nicht mehr Ihrer Strategie und wahrscheinlich auch nicht Ihrer Risikotoleranz. Justieren Sie also nach. Sie müssen die Anpassung – im Börsendeutsch Rebalancing genannt – aber nicht monatlich vornehmen. Einmal im Jahr oder vielleicht auch nur als 18 Monate reicht völlig aus.

Gleichen Sie Ihr Depot regelmäßig mit Ihrem Investmenttagebuch ab. Haben Sie Ihre Ziele noch fest im Blick? Entspricht das Portfolio noch Ihren Gewinnerwartungen? Grundsätzlich gilt: Verluste begrenzen, Gewinne laufen lassen. Wenn es Ihnen damit besser geht, setzen Sie Stop-Loss-Kurse, die Sie aber regelmäßig nachziehen sollten, um so die bereits erzielten Gewinne teilweise zu sichern. Und kaufen Sie niemals nach, nur um sich eine Fehlentscheidung nicht eingestehen zu müssen.

ÜBERDENKEN SIE IHRE EINSTELLUNG ZUM GELD

Geld verändert den Charakter, heißt es im Volksmund. Zumindest aber lässt es Charaktereigenschaften hervortreten. Denken Sie nur an den Gierigen, den Spieler oder den Größenwahnsinnigen. Wie ist Ihre Einstellung zum Geld? Können Sie davon nicht genug bekommen oder brauchen Sie nur genug zum Leben? Wenn Ihnen Geld egal wäre, hätten Sie dieses Buch wahrscheinlich nicht gelesen. Aber wie wichtig ist es Ihnen?

Wie auch immer Ihre Antworten lauten, Ökonomen, Psychologen und Neurologen haben in unzähligen Experimenten, Umfragen und Studien nachgewiesen, dass wir ein merkwürdiges Verhältnis zu Gehalt und Vermögen, aber auch zu Gewinnen und Verlusten haben. Sie sind überzeugt: Wie wir mit Geld umgehen, verrät viel darüber, wie wir ticken. Wir handeln oft irrational und wenig vernünftig. Über Geld spricht man zwar nicht, aber es ist eine hochemotionale Angelegenheit. Mag uns Angst im Straßenverkehr oder bei der Bergwanderung vor Gefahren und Risiken schützen, bei Investments ist sie oft kein guter Ratgeber. Gier mag uns anspornen, wenn es um unsere Karriere und unser Gehalt geht. An der Börse aber führt übermäßige Gier oft ins Verderben. Vertrauen mag die Basis jeder guten Beziehung sein, doch bei der Geldanlage kann Vertrauensseligkeit fatal sein. Denken Sie also von Zeit zu Zeit über Ihre Einstellung zum Geld nach, es kann nicht schaden und erklärt sicher manche Ihrer emotionalen Anlagenentscheidungen.

Unsere Beziehung zum Geld ist mitunter verhängnisvoll. Umfragen zufolge würde jeder fünfte Deutsche auf ein Jahr seines Lebens verzichten, wenn er dafür eine Million Euro bekommen würde. Würden Sie lieber den Millionen-Jackpot beim Lotto knacken oder die üppige Sofortrente bis ans Lebensende gewinnen? Der Literaturpapst Marcel Reich-Ranicki sagte einst: „Geld allein macht nicht glücklich, aber es ist besser, in einem Taxi zu weinen als in der Straßenbahn."

Ob Geld glücklich macht, ist eine spannende Frage und beschäftigt Heerscharen von Wissenschaftlern und Glücksforschern. Eine Umfrage des Meinungsforschungsinstituts Gallup förderte Spannendes zutage: Ein steigendes Haushaltseinkommen wirkt sich durchaus positiv auf unser subjektives Wohlbefinden aus – aber nur dann, wenn wir uns auch mehr leisten können und optimistisch in die Zukunft blicken. Bei den Pessimisten unter uns führt mehr Einkommen nicht zu größerer Zufriedenheit. Das Institut hat von 2005 bis 2011 etwa 800.000 Menschen aus 135 Ländern zu ihrem Leben befragt. Eine Gehaltserhöhung oder ein Börsengewinn machen uns also nicht zwangsläufig glücklicher. Es kommt darauf an, was wir mit unserem Geld machen können und wollen. Auch diese Gedanken gehören in Ihr Investmenttagebuch.

BLEIBEN SIE EINFACH GELASSEN

Es gibt kein rationales Handeln, wir sind immer emotional. Wir denken niemals, ohne gleichzeitig zu fühlen. Wir handeln niemals, ohne zu denken – auch wenn es uns manchmal so vorkommt. Glühende Emotionen, Schubladendenken, vorgefertigte Muster, all das bestimmt unser Tun.

Reagieren Sie nicht über, wenn es um Ihre Geldanlage geht. Panik oder Hektik führen ebenso wenig zum Börsenerfolg wie Gier oder Größenwahn. Individuelle Strategien und Methoden helfen uns, dass all diese Emotionen unser Anlageergebnis nicht mehr in hohem Maße negativ beeinflussen.

Bleiben Sie einfach gelassen und Sie werden ein besserer Anleger!

WEITERFÜHRENDE LITERATUR

de la Vega, José: *Verwirrung der Verwirrungen*, Kulmbach 1994.

Elger, Christian E. Elger; Schwarz, Friedhelm: *Neufinance. Wie Vertrauen, Angst und Gier Entscheidungen treffen*, München 2009.

Hagstrom, Robert G.: *Buffett, Newton, Darwin: Warum Anleger von Physik, Biologie und Co. profitieren*, Kulmbach 2014.

Hüther, Gerald: *Neurobiologe: Biologie der Angst*, Göttingen (10) 2011.

Kindleberger, Charles: *Manien, Paniken, Crashs. Die Geschichte der Finanzkrisen der Welt*, Börsenbuchverlag, Kulmbach 2001.

Le Bon, Gustave: *Psychologie der Massen*, Erstveröffentlichung 1875.

Montier, James: *Die Psychologie der Börse. Ein Praxisleitfaden für Behavioral Finance*, München 2010

Schumpeter, Joseph Alois: *Theorie der wirtschaftlichen Entwicklung*, 1912.

Stock, Christin; Goldberg, Joachim: *Genial einfach entscheiden. Besser denken, handeln und investieren im täglichen Entscheidungsdschungel*, FinanzBuch Verlag, München 2013.